마들
가야의 여전사

꿈초 역사동화 ❻
역사에서 사라진 가야와 그 백성 이야기
가야의 여전사, 마들

초판 1쇄 펴낸날 2018년 10월 31일

글 김하늬 | **그림** 오승민
펴낸이 박형만 | **펴낸곳** (주)키즈엠
주간 이지안 | **편집** 이수연, 임수현 | **디자인** 조정원
마케팅 정승모 | **제작** 김선웅, 이준호, 서승훈
출판번호 제396-2008-000013호 | **주소** 서울시 금천구 가산디지털1로 171 11층
전화 1566-1770 | **팩스** 02-3445-0353 | **홈페이지** www.kizm.co.kr

꿈초 블로그 http://blog.naver.com/moonybook
꿈초는 키즈엠의 어린이 책 브랜드입니다. 포털에서 '꿈초(꿈꾸는 초승달)'를 검색해 보세요.

ISBN 978-89-6749-929-7 74910
       978-89-6749-541-1(세트)

글ⓒ 김하늬, 그림ⓒ 오승민, 2018

이 책의 저작권은 저자에게 있습니다. 저자와 출판사의 허락 없이 내용의 일부를 인용하거나 발췌하는 것을 금합니다.

이 도서의 국립중앙도서관 출판예정도서목록(CIP)은 서지정보유통지원시스템 홈페이지(http://seoji.nl.go.kr)와 국가자료공동목록시스템(http://www.nl.go.kr/kolisnet)에서 이용하실 수 있습니다. (CIP제어번호: CIP2018034375)

제품명: 무선제본도서 **제조자명:** (주)키즈엠
주소: 서울시 금천구 가산디지털1로 171 11층 **전화번호:** 1566-1770
제조년월: 2018년 10월 **제조국명:** 대한민국
사용연령: 7세 이상

⚠ 책의 모서리가 날카로워 다칠 수 있으니 책을 던지거나 떨어뜨리지 마세요.

꿈초 역사동화 ❻
역사에서 사라진 가야와 그 백성 이야기

가야의 여전사
마들

김하늬 글 | 오승민 그림

꿈초

 작가의 말

우리의 소중한 역사, 철의 왕국 가야

　우리 친구들은 '삼국 시대'란 말을 들어 봤을 거예요. 우리나라 고대 역사인 고구려, 백제, 신라 시대를 일컫는 말이죠. 그런데 고구려, 백제, 신라가 있었던 2천 년 전에는 이 세 나라만 있었을까요? 아니에요. 그 주변에 동예, 옥저, 부여, 발해 같은 나라가 있었고, 500년 넘게 철의 왕국을 건설한 가야 제국도 있었어요.

　그런데도 이들 나라가 잘 알려지지 않은 이유는, 잘나갔던 고구려, 백제, 신라 세 나라를 중심으로 역사가 서술되었기 때문이에요. 하지만 삼국 시대에 들지 않았다고 역사가 없는 게 아니에요. 저는 삼국에 들지 않은 제4의 제국, 가야 이야기를 하고 싶었어요.

　다행히 요즘 가야의 유물과 역사에 대한 연구가 활발히 이뤄지고 있어요. '삼국 시대'가 아닌 '사국 시대', 또는 여러 나라가 있었으니 '열국 시대'라고 해야 맞다는 의견도 있고요. 다 옳아요. 역사책에 나오거나 나오지 않거나 모두 소중한 역사고, 그 역사는 바로 오늘날 우리를 있게 했으니까요.

현재를 살기도 바쁜데 과거 역사 타령이냐고 하는 사람들이 있어요. 지구를 넘어서 우주를 여행하고 곧 우주인과 접속하는 빛의 시대가 다가오는데 수천 년 케케묵은 이야기만 하냐고요. 하지만 자신의 뿌리도 모른 채 미래만 바라보는 것은 나의 아버지 어머니가 누군지도 모르면서 나와 앞으로 태어날 자식들만 중요하다는 이야기와 다를 바 없어요. 저는 역사를 나의 아버지 어머니를 아는 일이라고 생각해요. 나의 부모님을 안다는 것은 곧 나를 아는 일이지요. '나'를 아는 공부, 그것이 역사입니다.

　가야의 딸, 가야의 공주, 가야의 여전사, 마들이를 알아 가면서 나 자신을 조금 더 깊이 알아 가길 바라요. 분명 그럴 수 있을 거예요. 우리는 같은 역사를 가진 한민족이거든요. 하나의 뿌리를 가졌거든요.

　이제 우리랑 꼭 닮은 가야 동무들을 만날 거예요. 마들이, 산내, 치우, 교, 두태, 순지, 멍구. 나라를 잃고 떠돌던 그 아이들은 어떻게 됐을까요? 여전히 우리 안에 살아 움직이는 그들을 만나러 가 볼까요?

가야 김수로왕의 73대손 김하늬

차례

가락국 아이들 9

떠도는 남매 23

꽃대 나주 37

새로운 일터 51

약초와 삼 67

무사 할아버지 83

웃는 토우 98

가락의 딸, 가락의 공주 115

뱃사공 소년 치우 129

하늘의 뜻 145

같이 가자! 160

무엇이 될까? 172

가락국 아이들

머나먼 수평선 끝에서 해가 떴다. 구지봉을 타고 내려온 돋을볕이 망루 꼭대기를 비췄다. 산내는 주먹으로 망루 기둥을 쳤다. 나라가 없어졌는데 어제와 똑같은 해가, 똑같은 햇살을 뿌리며 떠오른다.

"바보 같은!"

곡식 나부랭이를 주워 먹던 쥐들이 놀라 달아났다. 나라가 망해도 해는 떠오르고, 쥐 새끼는 먹이를 먹어야 산다.

산내는 몸을 돌려 사다리를 내려왔다.

"마들아!"

움집 거적문을 들쳤지만, 마들이는 보이지 않았다.

"이 겁쟁이."

또 순지네 집으로 쫓아간 모양이다. 마들이는 열두 살이 넘었지만 아직도 혼자 있는 걸 두려워했다.

산내는 고샅길*을 에둘러 구지봉 고인돌을 바라고 올라갔다. 고인돌이 언제부터 구지봉 중턱에 있었는지는 아무도 모른다. 어른들은 먼 선대의 부족장이나 제사장의 무덤일지 모른다며 가까이 가지 못하게 했다.

"어허, 부정 탈라. 저리 저리!"

지팡이를 흔들어 대는 잠봉 할배의 고함 소리가 들려올 듯했다.

"어서 온나."

고인돌에 앉아 해바라기하던 아이들이 산내를 반겼다. 그 틈에 순지의 긴 머리채를 땋는 마들이도 보였다.

산내는 고인돌 위에 엉덩이를 걸쳤다. 곰솔 가지를 흔들고 온 소소리바람이 머슴애들의 더벅머리를 스치고 앞바다로 치달았다. 바닷물이 낮게 일렁이며 윤슬*이 빛났다.

고샅길 시골 마을의 좁은 골목길. 또는 골목 사이.
윤슬 햇빛이나 달빛에 비치어 반짝이는 잔물결.

"히야, 예쁘다!"

눈치 없이 이런 말을 할 만한 아이는 딱 한 명뿐이다. 모두의 눈이 멍구에게 쏠렸다. 아이들이 쳐다보는 것도 모르고, 멍구는 햇살에 반짝이는 물비늘을 좀 더 자세히 보려고 일어섰다. 바람이 숨바꼭질하듯 멍구의 구멍 난 바지 속을 헤집었다. 군데군데 풀물과 녹물이 든 멍구의 삼베 바지가 후줄근했다.

"멍구야, 니 짝궁둥이 다 보인다."

뒤에 앉은 두태가 한마디 했다. 늘 씩씩하고 활달하던 두태 목소리도 오늘은 맥이 없었다.

"엉?"

멍구는 마들이와 순지 쪽을 흘끔거리며 바지춤을 추켜올렸다.

"순지야, 봤나? 못 봤제?"

멍구는 차마 마들이에겐 묻지 못하고 순지에게 얼굴을 들이댔다.

"그깟 짝궁둥이 보라 해도 안 본다."

순지가 입을 삐죽였다. 멍구는 안심했다. 멍구도 남자다.

그냥 엉덩이도 아니고 짝짝이 엉덩이를 마들이에게 들킨다면 오늘 밤 잠을 자지 못할 것이다.

"그래도 나중에 크면 똑같아진다 했다, 울 할매가."

멍구의 홑바지는 불무골 석귀 아저씨한테 얻은 것이다. 항상 시뻘건 불 앞에서 일하던 대장장이 석귀 아저씨의 바지 곳곳에는 불똥이 튀었다.

"똥산에 가 본 지도 오래됐다."

산내는 불무골이 있는 똥산으로 고개를 돌렸다.

"가면 뭐 하노. 벌써 신라 사람들이 다 차고앉았을 건데."

두태가 분하다는 듯 손에 든 돌멩이를 날렸다.

대장간 위에 철을 만드는 쇠부리점터가 있었다. 점터 둘레에 조막만 한 쇠똥*이 가득 쌓여 있었기 때문에 똥산 혹은 똥뫼라고 불렀다.

"나는 우리 임금님이 항복했다는 게 통 믿기지 않는다."

순지가 무릎을 세우고 그 위에 얼굴을 묻었다. 믿기지 않는 건 아이들도 마찬가지였다. 하늘같이 우러러봤던 임금

쇠똥 철을 만들고 남은 찌꺼기.

이 나라를 내주고 방장산*으로 들어갔다니. 철의 왕국, 가락국은 영원할 거라며 큰소리치던 귀족들이 제 발로 서라벌*로 찾아갔다니.

"이럴 때 배라도 한 척 있었으면……."

두태가 벌떡 일어섰다. 배가 한 척 있으면 당장이라도 바다를 건너갈 태세다.

두태는 언젠가 바다를 건너온 왜인을 본 적이 있었다. 왜인들은 커다란 보따리를 메고 불무골로 들어갔다. 그 보따리 속에는 없는 것이 없다고 했다. 할머니들이 최고로 좋아하는 옥비녀도 있고, 귀부인들이 좋아하는 멧돼지 이빨로 만든 팔찌도 있고, 빛이 나는 조개 국자도 있다 했다.

불무골의 많은 덩이쇠*들이 바다를 건너갔다. 그리고 덩이쇠가 건너간 그 바다를 발 빠른 가야 사람도 건너갔다. 허드렛일과 종살이에 지친 칠중이와 미숭이 누나, 석귀 아저씨가 갔다. 왜인들은 특히 솜씨 좋은 도공을 꼬드겼다. 자기네 나라에 오면 훨씬 좋은 집에 많은 종을 거느리며 잘

방장산 지금의 지리산.
서라벌 신라의 수도.
덩이쇠 가운데로 갈수록 잘록해지는 쇳덩어리. 오늘날 화폐와 같은 구실을 했다.

살 수 있게 해 주겠다고 했다.

산내와 마들이의 아버지도 그런 제의를 받은 적이 있었다. 아버지는 왕실에 들어가는 토기를 구울 만큼 솜씨가 좋았다.

'차라리 그때 왜인이라도 따라갔다면……'

산내는 고개를 흔들었다. 고집스럽게 입을 다물고 있던 아버지가 벼락처럼 내리치던 호통이 떠올랐다.

"어림없는 소리. 나는 가야 도공이니라!"

그 후, 아버지는 왕비의 무덤가에 꺼묻혔다. 아버지는 깨끗한 무명옷으로 갈아입고 목 긴 항아리 하나를 품고 갔다. 선이 부드럽고 빛깔이 잘 나와 아무한테도 팔지 않던 것이었다. 아버지는 여섯 칸 흙 가마도 떼 가고 싶었을 것이다. 그래서 왕비의 무덤 곁에서도 토기를 굽고 싶었을 것이다.

"동네에 이상한 사람들이 꽉 찼어."

마들이가 몸을 웅크렸다. 추위를 많이 타는 마들이 팔에 소름이 돋았다.

"으, 추워라."

멍구는 별로 춥지 않았지만, 마들이를 따라 몸을 떨었다.

마음 같아서는 당장 마들이에게 옷을 벗어 주고 싶었지만 마땅한 옷조차 없었다.

"바람이 쌀랑하다. 고만 가자."

산내는 일어섰다. 막상 모이자고 했지만 뾰족한 수가 없었다. 어른들도 앞으로 어떡해야 할지 몰라 손을 놓은 상황이었다. 아이들은 일어나 엉덩이를 털었다.

"거북아, 거북아."

산 아래에서 희미한 노랫소리가 올라왔다.

"머리를 내놓아라."

신라 아이들 소리였다.

"만약 내어놓지 않으면 구워 먹으리라. 으하하하!"

신라 아이들이 합창하며 고인돌 쪽으로 올라왔다. 아이들의 손엔 나무칼이 들려 있었다.

"저 새끼들이!"

산내가 주먹을 그러쥐었다. 방금 신라 아이들이 부른 노래는 가락국의 시조 수로왕이 태어날 때 아홉 족장들이 부른 노래였다.

"오빠야, 참아라."

마들이가 산내의 팔을 움켜잡았다.

"야!"

갑자기 멍구가 팔을 쭉 뻗으며 나섰다.

"멍구 오빠야는 또 왜 그라노?"

마들이가 발을 동동 굴렸다.

"할 말이 뭐냐, 바보 녀석아!"

신라 아이들도 멍구가 약간 모자란다는 걸 눈치챈 모양이었다.

"그거, 우리 거다! 우리 노래다!"

"우리 거? 지금 너네 게 어딨냐? 나라도 뺏긴 주제에!"

신라 아이들이 우르르 고인돌 위로 뛰어 올라왔다.

"잘 들어라! 이 바위도, 산도, 바다도, 모두 우리 거다! 신라 거다! 너희는 이제 우리 종이다! 여긴 우리가 접수하기로 했으니까 종놈들은 썩 꺼져라!"

"뭐라꼬?"

산내와 두태가 말릴 틈도 없이 뛰쳐나갔다. 어어, 하며 허둥거리던 멍구도 달려 나갔다. 순지는 야무지게 양손에 돌멩이를 주워 들었다.

"오빠야!"

마들이는 얼굴을 감싸 쥐며 그 자리에 주저앉았다.

아이들이 뒤엉켰다. 신라 아이들이 나무칼을 휘둘렀다. 멍구가 아이쿠 하며 머리를 싸쥐고 나동그라졌다. 산내는 나무칼을 피하는 척하다 재빨리 빼앗았다. 난타전이 시작됐다.

"으악, 내 코! 내 코뼈!"

갑자기 신라 아이가 코를 싸쥐며 주저앉았다. 산내는 멈칫했다. 아이의 코에서 새빨간 피가 뚝뚝 떨어졌다. 모두 놀라 멈춰 섰다.

"이 새끼들, 꼼짝 말고 여기 있어. 도망가면 죽을 줄 알아!"

신라 아이들이 코피 난 아이를 에워싸고 내려갔다.

"저 짜식들을 그냥!"

두태가 씩씩거리며 헛주먹을 날렸다. 흙감태기*가 된 멍구가 비칠거리며 일어났다. 산내는 터진 입가를 닦으며 나

흙감태기 온통 흙을 뒤집어쓴 사람이나 물건.

무칼을 멀리 던졌다. 순지는 머리끄덩이를 잡혔는지 방금 땋은 머리가 쑥대머리가 됐다.

"꺽꺽!"

쪼그려 앉은 마들이가 헛구역질을 하기 시작했다.

"컥컥!"

공벌레처럼 웅크린 어깨가 마구 들썩거렸다.

"이 바보 같은 가시나!"

산내가 버럭 소리치며 마들이 곁으로 다가갔다. 멍구는 산내가 마들이를 때릴까 봐 움칠했다.

"뭐가 무섭다고 구역질이고? 죽기 살기로 싸워도 시원찮을 판에!"

산내가 마들이 등을 거세게 두드렸다. 아프라고 때리는 건지, 속이 가라앉으라고 때리는 건지 멍구는 아리송했다.

"이제 어떡하노?"

두태가 불안한 듯 눈동자를 굴렸다. 정말로 신라 아이 코뼈가 부러졌다면 보통 일이 아니었다.

"도망가자."

산내가 돌아섰다.

"어디로?"

"어디든. 여기 말고 딴 데로."

아이들의 겁먹은 눈동자가 이리저리 부딪쳤다. 아이들은 한 번도 이 바닷가 마을과 구지봉 기슭을 벗어난 적이 없었다. 이 마을 외에 또 다른 세상이 있다는 것도 생각해 보지 않았다.

"컥컥!"

마들이가 다시 구역질을 했다. 파랗게 질린 얼굴이 눈물과 콧물로 얼룩졌다.

떠도는 남매

"오빠야, 다시 생각해 봐라."

"뭘 다시 생각하란 말이고?"

"우리 가지 말자. 내는 가기 싫다."

마들이가 갈래머리를 뱅뱅 돌렸다. 마들이의 머리카락은 하도 손을 타서 끝부분이 돌돌 말려 있었다.

"나는 갈 거다. 너는 혼자 살 수 있겠나?"

"못 산다."

"그러면 퍼뜩 짐 챙겨라."

산내는 흙내가 가득한 방 안으로 들어섰다. 금이 간 흙벽에 걸린 옷가지 서넛이 눈에 띄었다. 방 모서리마다 거미들이 줄을 걸어 놓았다.

"오빠야, 코뼈 부러뜨렸다고 죽이기야 하겠나?"

"안 그래도 떠날라 했다. 아버지는 왕비님 무덤에, 엄마는 전쟁터에 나가 죽었는데 신라 사람들이 가만있겠나? 신라 군사들이 몰려오면 우린 바로 죽은 목숨이다."

"우리 엄마가 전쟁터에 간 거 아무도 모를 거다. 우리만 입 다물면."

"말 안 해도 다 아는 수가 있다. 가야 사람 중에도 배신자가 있단 말이다. 남의 나라에서 살면 그런 게 있다. 퍼뜩 안 챙기나?"

"뭘 챙기란 말이고?"

"네가 가져가고 싶은 거 보따리에 싸라."

마들이는 보자기를 펼쳤지만 뭘 담아야 할지 알 수 없었다. 구석에 숨겨 둔 흙구슬 다섯 개를 꺼냈다. 아버지가 마들이를 위해 특별히 구워 준 것이다.

"구슬은 뭐하려고?"

"나중에 순지하고 깔래* 할 거다."

둘은 작은 보자기에 옷가지와 보리밥, 그릇 몇 개를 담고 거적문을 내렸다. 아버지와 엄마가 차례로 돌아가시고 살림살이는 형편없이 쪼그라들었다. 움집을 몇 바퀴 돌았지만 가져갈 것도, 가져가고 싶은 물건도 없었다. 따비*와 쇠도끼, 낫 같은 연장은 헛간 구석에 숨겼다. 혹시라도 나중에 돌아오면 요긴하게 쓰일 농사 도구였다.

동네가 수런수런했다. 산내와 마들이는 남의 눈에 띄지 않게 조심하며 구지봉으로 올라갔다. 고인돌에 앉아 한참을 기다렸다.

"산내야! 마들아!"

멍구가 바지춤을 부여잡고 뛰어왔다.

"왜 혼자 오는데? 보따리는?"

"지금 그게 문제가 아니다."

"왜?"

"벌써 신라 사람들이 떼거지로 몰려왔다. 지금 두태 할배가 싹싹 빌고 난리 났다."

"뭐, 참말로?"

깔래 '공기놀이'의 경상도 방언.
따비 풀을 뽑거나 밭을 가는 데 쓰는 농기구.

"두태가 지금은 못 간다더라. 나중에 꼭 만나자더라. 순지는 아직 말도 못 꺼냈는갑더라."

"너는?"

"나, 나도 못 간다. 내는 바보 같아서 너그한테 짐만 될 거다. 산내야, 마들아. 진짜로 갈 거가?"

"그러면 가짜로 가나?"

"가지 말고 여기서 살자. 코뼈는 내가 부러뜨렸다 할게. 어?"

멍구가 산내의 팔을 붙잡고 늘어졌다.

"우리는 갈 거다. 나는 신라 사람들 종살이하기 싫다."

"우리가 참말로 종이 되나?"

"너는 몰라도 우리는 빼도 박도 못한다. 우리는 부모님도 없고, 친척도 없고, 또 엄마가 전쟁에 나가 자기네랑 싸웠는데 가만있겠나?"

"너그 엄마……. 그것 때문에 그라나?"

"멍구야, 우리 집에 가면 아버지가 입던 바지 있을 거다. 그거 네가 갖다 입어라."

"안 된다. 가지 마라. 어?"

"멍구야, 신라 애들한테 얻어맞지 말고 잘 살아라."

"멍구 오빠야, 우리 고인돌 뺏기면 안 된다. 알았제?"

산내와 마들이가 돌아섰다.

"산내야……, 마들아……."

멍구는 저만치 따라오다 멈추고 다시 따라오다 멈춰 섰다.

"빨리 좀 걸어라. 나 잡아가소, 하지 말고."

산내가 마들이 손에서 보따리를 뺏어 들었다. 걸음이 느린 마들이가 종종걸음을 쳤다. 내리막길로 들어서자 고향 바다와 마을이 감쪽같이 사라졌다.

"가마에 한번 들렀다 가자."

아버지의 가마는 구지봉 왼쪽 기슭에 있었다. 가마 둘레가 난장판이었다. 신라 사람들이 보수 공사를 시작한 모양이었다.

"우야꼬. 다 훔쳐갔는갑다."

마들이가 울상을 지으며 가마와 작업장을 돌아 나왔다.

산내는 볼록볼록 무덤처럼 솟은 여섯 칸 흙 가마를 쓸어 보았다. 뜨거운 불길에 수없이 달궈진 가마는 덩이쇠처럼

단단했다. 얼핏 사금파리 더미에 묻힌 굽다리 접시* 하나가 보였다. 아버지의 솜씨였다.

"깨졌고만. 버려라."

"아니다. 금만 갔다."

산내는 보자기를 풀어 굽다리 접시를 옷가지 속에 쌌다.

"가자. 해 지기 전에 마을을 벗어나야 된다."

어쩌면 이미 신라 군사들이 깔렸을지 모른다. 몇 달 새 가락국을 떠나는 유랑민이 많이 늘었다. 할머니가 서쪽으로 계속 가면 물 맑은 다사강*이 흐르고 그 위쪽 산기슭에 허 왕후마마의 일곱 아들이 성불한 절이 있다고 했었다. 그 절로 가 볼까도 생각했지만 두려웠다. 그곳엔 백제가 있고, 바로 위 북쪽엔 고구려라는 큰 나라가 버티고 있었다.

얼마 걷지 못했는데 어둠이 발목을 잡았다. 산내와 마들이는 농가로 들어서지 못하고 논배미*에 숨어 잤다.

산내는 어릴 때 할머니가 들려주던 이야기를 떠올렸다. 아득한 옛날, 하늘과 땅이 처음 열리고…….

굽다리 접시 접시에 높은 굽을 붙인, 고대 식기의 하나.
다사강 지금의 섬진강.
논배미 논두렁으로 둘러싸인 논의 하나하나의 구역.

"오빠야, 잠이 안 온다."

마들이가 궁싯거렸다.

"추워서 그라나?"

산내는 보자기에서 옷을 꺼내 덮어 주었다.

"할매한테 들은 얘기해 줄 테니까 눈 감아라."

"어."

마들이는 두 눈을 꼭 감았다.

"옛날 옛날에, 우리나라는 이름도 없고 왕과 신하란 말도 없었다더라. 그때 아도간, 여도간, 피도간, 또 무슨 간, 무슨 간, 이렇게 아홉 명의 촌장이 있었다더라. 그 촌장님들이 백성들을 다스렸다더라."

"아도간, 여도간, 피도간……."

"어느 날, 구지봉에서 이상한 소리가 들렸다더라. 사람들이 달려가 보니까 하늘에서 금으로 만든 상자가 내려왔는데, 그 상자 속에는 황금 알이 여섯 개나 들어 있었다더라."

"황금 알 여섯 개……."

"그 황금 알 속에서 잘생긴 아기들이 나왔고 그중에서 가장 먼저 나온 아기가 바로 우리 김수로왕이라더라. 너, 수로왕 알제?"

"어. 우리 왕할배다."

"수로왕은 커서 가락국을 다스리고, 나머지 다섯 명은 다른 마을로 가서 나라를 다스렸다더라. 그래서 우리 가야는 하나가 아니고 여럿인 거라."

"참말로? 그러면 우리 가야가 여기 말고 또 있나?"

마들이의 눈이 반짝 빛났다.

"그럼. 마들아, 우리 가야는……."

산내는 이야기를 끝맺지 못하고 잠 속으로 빨려 들어갔다. 산내는 너무나 고단했다. 하나둘 가락국을 떠나는 사람들을 보면서 자기도 언젠가는 떠나야 할지 모른다고 생각했지만 그날이 너무 빨리 다가왔다. 신라 아이의 코뼈를 부러뜨리는 바람에 준비도 없이 나선 길이다. 저 혼자라면 아무래도 상관없지만 겁쟁이에 느림보인 마들이와 함께여서 걱정이 많았다.

"오빠야, 잘 자래이."

마들이는 들판을 뛰어다니는 밤바람 소리에 가슴을 졸이

다 늦게 잠이 들었다.

  둘을 깨운 것은 이른 아침 새소리였다. 배고픈 새들이 빈 들을 낮게 날며 먹을거리를 찾았다. 마들이와 산내도 배가 무척 고팠다. 이엉을 올린 지붕들 너머로 길게 올라가는 연기를 보니 더 그랬다.

"보리밥 먹자."

  산내는 고프다 못해 아픈 배를 움켜쥐었다.

"안 된다. 한 덩이밖에 안 남았다."

  마들이가 보따리를 뒤로 돌렸다.

"보리밥 쉬면 먹지도 못한다. 이리 도."

  산내는 식은 보리밥 한 덩이를 꺼내 반으로 갈랐다.

"자."

  산내는 보리밥 귀퉁이를 우적 씹었다. 보리밥에 소금 간이 되어 있어 간간짭짤했다. 엄마가 전쟁에 나간 뒤부터 산내와 마들이는 소금을 친 보리쌀을 시루에 쪄 먹었다. 그러면 따로 반찬을 만들 필요 없이 묽은 시래깃국만으로 끼니를 때울 수 있었다.

"저 강을 따라가자."

산내는 폭이 넓은 강 쪽으로 발길을 돌렸다. 둘은 길을 버리고 모래밭으로 내려섰다. 강을 따라가면 마을이 나오게 마련이다.

"발이 자꾸 빠진다."

마들이의 걸음이 처졌다. 얼기설기 삼은 짚신이 모래에 푹푹 파묻혔다.

"맨발로 가자."

산내와 마들이는 짚신을 벗어 들었다. 마른 모래밭에 둘의 발자국이 길게 이어졌다. 배가 고프면 강물을 마셨다. 점점 다리가 무거워졌다. 모래에 쓸린 발에 물집이 잡혔다가 이내 터졌다.

집을 나서고 이튿날은 기슭의 미루나무 밑에서 잤다. 밤이슬이 내려 아침에 일어났을 때는 온몸이 꿉꿉했다. 강가로 가 물 한 모금을 마신 뒤 계속 걸었다. 옷이 햇살에 채 마르기도 전에 마들이가 기침을 해 댔다.

"머리에서 불이 나."

마들이가 비틀거렸다.

"그리 약해 빠져서 어떻게 살래!"

산내가 버럭 소리쳤다.

"보리밥도 똑같이 먹고, 길도 똑같이 걸었고만! 순지는 작아도 얼마나 야물딱지더노?"

"맞다. 순지는 야물다."

마들이도 이런 자신이 싫었다. 힘이 없어 나라를 뺏기고 부모님도 잃었는데, 자신 또한 힘이 없다는 게 싫었다. 마들이는 눈을 부릅뜨고 허리를 곧추세웠다. 하지만 그때뿐이었다. 얼마 안 가 마들이의 걸음이 뒤엉켰다. 무릎이 꺾여 푹 꼬꾸라지기도 했다.

"안 되겠다. 업혀라."

산내가 등을 돌렸다. 마들이는 고개를 저을 기운도 없이 그대로 엎어졌다.

"아랫배에 힘 딱 주고 어금니를 꽉 악물어도 살 둥 말 둥 한데, 너는 내 없으면 어쩔래? 어찌 살래?"

"꽉 죽어 버릴 거다……."

마들이가 중얼거렸다.

산내는 흘러내리는 마들이 엉덩이를 추켜올렸다. 얼마 못 가 마들이의 고개가 푹 꺾였다. 팔다리도 맥없이 늘어졌다.

"정신 차려라. 마을이 나오면 의원한테 데려갈게."

산내는 쉬지 않고 걸었다. 강바람이 찼지만 온몸은 땀투성이였다.

"마들아?"

산내의 신경이 온통 등 뒤로 쏠렸다.

산내는 마들이를 늘 구박했다. 제대로 할 줄 아는 건 하나도 없고, 겁쟁이에 울보에 느려 터졌다고 욕도 많이 했다. 그렇지만 산내에겐 하나 남은 피붙이였다.

산내는 마들이의 다리를 꼬집었다. 반응이 없었다. 산내의 머리칼이 쭈뼛 일어섰다.

"정신을 놓으면 안 된다. 마들아, 네가 죽으면……."

산내는 왜틀비틀 계속 걸었다. 땀인지 눈물인지 뺨을 타고 흘러내렸다. 햇살이 산내의 머리 위에서 뱅글뱅글 돌았다. 산내는 머리가 하얗게 비워지는 걸 느꼈다. 다리가 천근만근 무거웠다. 발밑에서 모래 귀신이 잡아당기는 것 같았다.

"마들아……."

눈앞으로 모래알이 구슬처럼 크게 와 박혔다. 산내는 마들이를 업은 채 꼬꾸라졌다.

꽃대 나루

아침부터 치우는 무척 바빴다. 새벽부터 강을 건너려는 손님이 들이닥쳤다. 잠방이*를 걸치는 둥 마는 둥 나루터로 나갔다. 배에 또 구멍이 났는지 물이 찰박찰박 들어찼다. 치우는 귀퉁이가 떨어진 박 바가지로 물을 퍼냈다.

"됐다. 물 새는 건 미리 점검해야지. 사공 하는 일이 뭐고? 바쁘니 냉큼 건너기나 해라."

하필 첫 손님이 꼬장꼬장하기로 소문난 청음당 멀방 어

잠방이 가랑이가 무릎까지 내려오도록 짧게 만든 홑바지.

른이었다.

"차는 뭣 하는고? 냉큼 타지 않고."

멀방 어른이 지게를 진 차 아저씨를 나무랐다. 어디로 귀한 약재를 사러 가는 모양이었다.

"출발합니다."

치우는 삿대를 비스듬히 기울여 물속으로 박아 넣었다. 나무배가 물살을 가르며 앞으로 나아갔다. 찰박찰박, 뱃머리에 부딪치는 물소리가 경쾌했다.

"다녀오십시오, 어르신."

치우는 배에서 내려 꾸벅 인사를 했다. 멀방 어른은 대답도 없이 비단 옷자락을 휘날리며 가 버렸다. 치우는 배가 떠내려가지 않게 매 놓고 흐르는 물에 낯을 씻었다. 거푸 물을 끼얹어도 말라붙은 눈곱이 떨어지지 않았다. 할아버지가 몸져눕고 치우가 삿대를 잡은 뒤부터 계속 그랬다. 왜 피곤한 날은 눈곱이 많이 끼는지 알 수 없었다.

'멀방 어르신한테 여쭤볼까?' 하다가 이내 고개를 저었다. 멀방 어른한테는 늘 찬바람이 불었다.

"치우야, 빨리 오너라!"

고함 소리가 건너왔다. 마을 어른들이었다. 치우는 배에 한가득 손님을 싣고 노를 저었다.

"치우가 장정이 다 됐구나. 할배는 좀 어떠시누?"

마을 어른이 안부를 물으며 같이 삿대를 저어 주었다.

"어제 멀방 어르신이 쑥뜸을 떠 주셨습니다. 약은 못 쓰고, 지네가 좋다 해서 잡고 있어요."

"네가 고생이 많구나."

치우는 아침밥도 못 먹고 계속 배를 몰았다. 겨우 한시름 놓고 움막에 왔을 땐 점심때가 가까웠다. 평상에 앉아 물에 밥을 말아 먹으면서도 강 건너편에서 눈을 떼지 못했다. 손님이 있는 줄 모르고 멍청히 있으면 늑장 부린다고 벼락이 떨어지기 때문이다.

건너편 하얀 모래밭에서 뭔가가 감실거렸다. 치우는 벌떡 일어나 손갓을 했다. 재 너머 큰 산짐승이 먹이를 찾아 내려왔는지 모른다.

치우는 순식간에 밥을 먹어 치웠다. 할아버지는 뜸을 뜨고 난 뒤 허리가 더 쑤신다며 잠만 잤다. 치우는 할아버지 곁으로 다가갔다.

평생을 찬 강바람 맞으며 사공으로 늙어 온 할아버지다.
얼굴 곳곳에 거뭇거뭇 검버섯이 핀 할아버지는 나이보다
한참 겉늙어 보였다.

"할배, 꼭 일어나야 돼요."

치우는 할아버지 곁에서 설핏 새우잠이 들었다. 깨고 나서는 깜짝 놀라 강가로 달음박질했다. 다행히 강 건너엔 사람이 없었다. 고개를 돌리는데 둥그렇게 솟은 것이 눈에 띄었다. 장꾼들이 짐을 부려 놓은 건가, 정말 산돼지라도 내려온 건가, 고개를 갸웃했지만 알 수 없었다.

"좋아, 건너가 보면 알지!"

치우는 삿대에 힘을 주어 배를 저었다. 배가 기슭에 닿자마자 모래밭으로 내달렸다.

"뭐꼬?"

사람이었다. 한 사람인 줄 알았는데 여자아이 밑에 사내아이가 모래에 얼굴을 반이나 파묻고 있었다.

치우는 한 아이씩 업어 배로 날랐다.

정신없이 삿대를 저어 집으로 돌아왔다. 막상 아이들을 부려 놓고 보니 기가 막혔다. 할아버지가 몸져누운 것도 심란한데, 생판 모르는 두 아이까지 할아버지 옆에서 꿈쩍도 안 했다. 잘못하다간 송장을 칠 판이다.

"큰일 났다."

치우는 발을 굴렸다. 무명천에 물을 적셔 아이들 이마에 얹어 주었다. 여자아이의 입에서 가느다란 신음이 흘러나왔다.

"녹용*이라 하더니만 겨우 말라비틀어진 녹각* 쪼가리를 가지고설랑. 어디서 내 눈을 속이려고."

기다리던 멀방 어른은 저녁 늦게야 도착했다. 물건이 마음에 안 들었는지 배에 오르자마자 구두덜거렸다. 차 아저씨는 자기가 잘못하기라도 한 양 쩔쩔맸다. 치우는 배가 나루에 닿도록 말을 못 꺼내다가 겨우 입을 열었다.

"크음!"

멀방 어른이 마뜩잖은 얼굴을 했다. 멀방 어른이 가장 싫

녹용 사슴의 연한 뿔. 비싼 보약재로 쓰인다.
녹각 녹용보다 오래된 딱딱하고 저렴한 뿔.

어하는 것이 없이 사는 사람들이었다. 없는 주제에 용한 것은 알아 꼭 자신을 찾았다. 이상하게 없는 사람들은 잔병치레도 잦고 잘 낫지도 않았다.

"기갈*에, 상한*에, 영양실조에 온갖 병이란 병은 다 붙었구나. 전체적으로 허증*이다. 마땅히 몸을 보하는 약을 써야 옳지만 보아 하니……."

멀방 어른이 아이들 머리맡에 놓인 보따리를 보고 혀를 찼다.

"가락국이 신라 손에 떨어졌다더니만 어린 것이고 늙은 것이고 천지 분간을 않고 떠도는구나."

"예? 그럼 이 아이들이 가락국에서 온 애들이라요?"

"내 짐작이 그러하느니. 깨어나거든 기별하여라."

멀방 어른이 일어섰다.

"어르신, 우리 할배는요? 뜸 뜨고 더 아프다 합니다."

"그게 정상이니라. 명현* 반응이 나타나는 것이니."

멀방 어른이 돌아섰다. 치우는 명현 반응이란 게 뭔지 묻

기갈 배고픔과 목마름을 아울러 이르는 말.
상한 한의학적으로 감기 증상을 일컬음.
허증 정기가 부족하여 몸의 저항력과 생리적 기능이 약해진 증상.
명현 몸이 좋아지기 위해 일시적으로 몸이 더 나빠지는 현상.

고 싶었지만 입도 떼지 못했다. 우두커니 세 환자를 지키고 있자니 차 아저씨가 약 두어 첩을 갖고 왔다.

"어르신이 저 아이들 달여 먹이랍신다. 노랭이 영감이 별일일세. 치우야, 야들 깨어나거든 꼭 기별해라이."

해가 서쪽에서 뜰 일이다. 청음당은 약발 잘 듣고 비싸기로 유명한 집이었다. 약이라고 이름 붙은 것은 한 알도 거저 주는 법이 없었다.

산내는 이튿날 갓밝이*에 깨어났다. 아무래도 신라 병사에게 잡혀 옥에 갇힌 것 같았다. 산내는 조심스레 방을 둘러보았다. 이상했다. 감옥이라 하기엔 너무 허술한 방이었다. 갈대에 흙을 섞어 바른 울퉁불퉁한 벽이 손만 대도 무너질 것 같았다.

'우리 집보다 더한 데도 다 있고만.'

산내는 두리번거리며 마들이 곁으로 다가앉았다.

"잠 못 자고 죽은 조상이 붙었나? 무슨 잠을 그리 오래

갓밝이 날이 막 밝을 무렵.

자노?"

문에 걸린 거적때기가 획 올라갔다. 다짜고짜 들려오는 반말에 산내는 바짝 긴장했다. 몸은 다부지지만 얼굴은 앳돼 보이는 사내아이였다.

"누고?"

"그러는 너는 누고?"

퉁명스럽긴 했지만 말투가 낯설지 않았다.

"여기가 어디고?"

"꽃대 나루다."

치우의 대답에 산내가 다시 물었다.

"꽃대 나루? 그런 거 말고 여기가 가야가? 신라가? 아니면……."

산내는 백제인가 물으려다 얼른 입을 닫았다. 의심받기 딱 좋은 질문이었다.

"여기는 안라국*이다. 우리 마을은 앞마을이고 건넛마을은 뒷마을이다. 너는 정말 가락국에서 왔나?"

안라국 아라가야. 함안에 자리했던 가야 소국 중의 하나.

산내는 흠칫 놀라 되물었다.

"와 그라는데?"

"맞긴 맞나 보네."

"안라국이라면……?"

퍼뜩 할머니가 얘기해 준 다른 다섯 가야가 생각났다. 그렇다면 제대로 찾아온 것이다. 아니, 아직은 알 수 없다. 같은 가야라도 왕도 다르고 나라 이름도 달랐다. 오히려 적보다 못할 수도 있었다.

"가락국에서 왔다면……."

곁에 누운 할아버지가 힘없이 중얼거렸다. 마침 마들이도 깨어났다.

"할배, 괜찮아요? 허리는 좀 어때요?"

치우가 할아버지 곁으로 다가갔다.

"내는 괜찮다. 푹 잤더니……. 정히 따지자면 가락국은 형님 나라인데. 한 형제지간인데."

"형제는 무슨 형제라요. 왕도 다르고 나라 이름도 다르고 가락국이 어디 붙었는지도 잘 모르는데."

치우가 불퉁하게 받았다.

"이름은 달라도 뿌리는 하나이니, 하나에서 갈라졌으니."

할아버지가 끙 하며 몸을 일으키려고 힘을 썼다.

"할배, 안 돼요. 아직 일어나면 안 된다 했어요."

"괜찮다. 그나저나 이 애들 뭐라도 좀 갖다줘라. 내 보기엔 약보다 밥이 우선이구만."

치우가 밖에 나가 죽이 담긴 바리*를 들고 왔다. 죽은 묽어서 떠먹기보다 마시는 편이 수월할 것 같았다. 그래도 산내와 마들이는 나무 숟가락으로 떠서 꼭꼭 감씹어 먹었다. 얼마 만에 그릇에 담아 먹는 음식인지 몰랐다.

"그래, 너희는 어디로 가는 길이었더냐?"

할아버지가 흙벽에 비스듬히 기대며 물었다.

"저희는……."

산내는 뭐라고 대답할지 몰랐다. 신라 사람들의 종이 되기 싫어 무작정 나선 길이다. 어딘가 다른 다섯 가야가 있다는 말은 들었지만 꼭 거기로 가야 한다는 생각도 없었다.

바리 놋쇠로 만든 밥그릇.

"하긴 나라가 없어졌는데 갈 데가 어딨누. 오라는 덴 또 어디고."

할아버지가 초점 없는 눈길로 아이들을 바라보았다.

"우리 살림살이가 조금만 포실해도 같이 살자 하겠지만서두……."

할아버지의 숨이 거칠어졌다.

"여기가 마음에 든다면 지낼 자리는 알아봐 주마."

할아버지가 다시 자리에 누웠다. 치우가 빈 그릇을 치웠다.

산내와 마들이는 조용히 밖으로 나왔다. 둘은 거슬러 올라온 물줄기를 굽어보았다. 강가에 있을 땐 매서운 바람만 느껴졌는데 높은 데서 내려다보니 강줄기가 편안하고 아늑해 보였다.

"오빠야는 어떻노?"

마들이가 어지러운지 버드나무 밑 평상에 주저앉았다.

"뭐가?"

"여기 말이야."

마들이가 산내 얼굴을 빤히 올려다보았다. 며칠 새 산내의 얼굴이 반쪽이 됐다.

"내는 좋다. 여기가 맘에 든다."

마들이는 자기 때문에 오빠가 죽을 고생을 했다고 생각하니 마음이 편치 않았다. 마들이는 더 이상 떠돌고 싶지 않았다. 생판 모르는 길을 걷다가 또 쓰러지고 싶지 않았다.

산내도 흐르는 강물을 굽어보았다. 파도가 높게 치는 고향 바다가 아버지를 닮았다면, 소리 없이 흐르는 강물은 엄마를 닮았다.

'이 강물은 흘러 어디로 갈까?'

계속 강을 거슬러 왔으니 이 강은 황산강* 자락일지 모른다. 이 강물이 흘러 흘러 가락의 바다로 갈지 모른다.

"떠돌이가 좋고 나쁜 곳이 어딨노. 밥 먹고 잠잘 데 있으면 살제."

황산강 지금의 낙동강.

새로운 일터

"아무것도 할 것 없이 그저 우리 아이 말동무나 해 주면 되는 것인즉."

멀방 어른이 공짜로 약재를 보내 준 건 다 이유가 있었다. 마들이가 탐났던 것이다. 여기저기 다녀서 세상 물정이 밝은 멀방 어른은 떠도는 백성들의 삶을 잘 알았다. 가락국에서 제법 높은 벼슬을 했거나 신분이 높은 귀족들은 신라에 가서도 좋은 대접을 받았다. 그들은 거느리던 종과 재산을 챙겨 갔고, 재빨리 터를 잡고 새로운 삶에 적응했다. 그들에게도 나라를 잃은 슬픔이 있었지만, 생활은 크게 바뀌지 않았다. 그들은 빠르게 신라 사람이 되어 갔다.

하지만 산내와 마들이같이 본디 힘없고 가진 것 없는 백성들은 달랐다. 그들은 어딜 가도 천덕꾸러기 신세였고, 신분이 불안했다.

"할배, 고마웠습니다."

마들이가 움막 안을 향해 허리를 숙였다.

"오냐, 몸조심하고."

치우 할아버지는 멀방 어른에게 마들이를 맡기는 것이 불안했지만 마땅히 붙들 구실이 없었다. 게다가 약도 보내 주지 않았던가. 하인을 시켜도 될 것을 굳이 직접 걸음 한 것을 보면 마들이를 꼭 데려가겠다는 의지가 담겨 있었다.

"오빠야, 너무 멀리 가지 마래이."

마들이의 눈에 눈물이 핑 돌았다. 태어나 처음으로 오빠와 떨어지는 것이다.

"알았다."

산내는 딱딱한 목소리로 받았다.

"꼭이다. 내 두고 가면 안 된다. 알았제?"

"알았다니까!"

산내가 버럭 소리쳤다. 마들이는 움칠했다. 그렁그렁 차

오른 눈물이 그예 뺨을 타고 흘러내렸다.

"죽으러 가는 것도 아니고, 틈나는 대로 만나게 해 줄 것인즉."

미적거리는 마들이를 멀방 어른이 돌려세웠다. 마들이는 보따리를 들고 멀방 어른을 따라갔다. 멀방 어른 댁은 규모가 어마어마했다.

마들이는 대문을 들어서며 눈을 휘둥그레 떴다. 처음 보는 나무 집이었다. 하인들이 거처하는 방이나 손님들이 기다리는 방은 이엉을 올린 초가였지만, 본채는 굵은 소나무로 만든 탄탄한 나무 집이었다. 본채 양옆으로 기둥을 높이 세워 올린 곡물 창고와 약재 보관 창고가 있었다. 가락국에도 흔한 고상 가옥이었다.

"이 아이를 씻기고 집안일을 가르쳐 줘라."

멀방 어른이 명하고 안채로 들어갔다. 마들이는 여종 자이의 손에 끌려 우물가로 갔다. 몸을 씻고 자이가 내주는 옷으로 갈아입었다.

"어머머, 이게 뭐니?"

자이가 마들이의 흙구슬을 확 낚아챘다.

"이리 주세요! 내 거라요!"

마들이가 달려들었다.

"어머머! 웃긴다, 얘. 금구슬도 아니고 옥구슬도 아닌 그깟 흙구슬을 누가 뺏기라도 한다니?"

자이가 흙구슬을 방바닥에 휙 팽개쳤다. 구슬이 사방팔방으로 흩어졌다.

오후에 마들이는 부엌으로 들어갔다. 집이 큰 만큼 식구도 무척 많은 모양이었다. 준비해야 할 찬거리가 산더미처럼 쌓여 있었다.

"지금 소꿉 살러 왔니? 손이 그리 굼떠서 어디 쓰겠니?"

자이가 쇳소리를 내며 하얗게 눈을 흘겼다.

"저녁이 아니라 새벽밥도 못 지어 먹겠다. 저리 비켜, 얘!"

자이가 마들이 엉덩이를 걷어찼다. 마들이는 몸을 옹그리고 뒤로 물러앉았다. 참으려 해도 눈물이 먼저 돌았다. 고작 이 낯선 곳으로 드난살이*를 하러 왔나 생각하니 설움

드난살이 남의 집 행랑에서 집일을 도와주며 지내는 생활.

54

이 복받쳤다.

　우물가에서 설거지를 하고 났을 땐 달빛이 환했다. 마들이는 여종들 곁에서 발칫잠*을 잤다. 아침에 일어나니 얼굴이 퉁퉁 부어 있었다. 거칠게 깎은 목침이 다 젖도록 밤새 운 탓이다.

　'오빠야······.'

　하루가 정신없이 지나갔다. 해거름*에 마들이는 작은 연못이 있는 안채 뜰로 불려 갔다. 청개구리들이 연잎 위에 올라앉아 배를 볼록거리며 울었다.

　"교야, 이리 온."

　쌀쌀맞은 멀방 어른의 말투가 싹 바뀌었다. 교라는 아이가 쭈뼛거리며 다가왔다.

　"저 애는 마들이라는 아이다. 저 애는 가락국에서 도망을 나왔어."

　개구리를 바라보던 교가 흘끔흘끔 마들이를 곁눈질했다.

　"너, 가락국이 어딘지 아느냐?"

발칫잠 남의 발이 닿는 쪽에서 불편하게 자는 잠.
해거름 해가 서쪽으로 넘어가는 일. 또는 그런 때.

교는 대답하지 않았다. 아무래도 벙어리인 것 같았다. 어쩌면 귀머거리인지도 모른다. 호리호리한 몸집에 얼굴은 창백하고 두 눈만 날카롭게 빛났다.

"어떠냐? 마음에 들지 않느냐?"

멀방 어른이 허리를 숙이고 교의 손을 잡았다. 마들이는 부아가 확 치밀었다.

'마음에 들지 않느냐?'

마치 마들이를 물건 취급하는 투다. 애야, 여기 좀 보아라. 이 아이를 갖고 놀아라. 이 아이는 가락국에서 도망을 나왔어. 어떠냐? 신기하지 않느냐.

교가 고개를 홱 돌렸다. 개구리가 풍덩, 연못 속으로 뛰어들었다.

"흠."

멀방 어른이 허리를 세웠다. 그는 자잘한 병을 잘 고치기로 소문난 의원이었지만 자신의 아들은 고치지 못했다. 아기 때는 곧잘 옹알이를 했고, 어릴 때도 더듬거리긴 했지만 말을 했다. 그러던 것이 이태 전부터 입을 꾹 닫아 버렸다. 아무리 좋은 약을 쓰고 정성을 들여도 마찬가지였다.

그는 마지막으로 아이들의 심리를 이용해 보기로 했다. 또래 아이를 보면 마음의 변화가 생길지 몰랐다. 특히 마들이같이 낯선 계집아이라면 더욱이······.

"물러가라."

멀방 어른이 손짓했다.

마들이는 재빨리 발길을 돌렸다. 얼핏 문설주에 기대선 마님의 눈과 마주쳤다. 길게 늘어뜨린 옥구슬 목걸이를 두른 마님은 얼음같이 차가워 보였다.

마들이는 부엌일을 하는 틈틈이 멀방 어른에게 불려 가 교를 만났다. 교는 마들이 앞에서 대꼬챙이로 개구리의 등을 때리고 쿡쿡 쑤시기도 했다. 개구리가 놀라 이리저리 날뛰면 교의 얼굴에 희미한 웃음이 번졌다.

"이제부터 너는 차 밑에 가서 일하거라."

달포* 후, 마들이는 부엌에서 내쫓겼다. 자이가 마들이의 손이 맵지 못하다고 날마다 마님에게 쏘삭거렸고*, 마님은 넌지시 멀방 어른에게 귀띔했던 것이다.

달포 한 달이 조금 넘는 기간.
쏘삭거리다 가만히 있는 사람을 자주 꾀거나 추겨서 마음이 움직이게 하다.

마들이는 남자들이 일하는 약재 보관 창고로 갔다. 그 창고로 들어서자 수십 가지 약초 냄새가 코를 찔렀다.

"윽!"

야릇한 약초 냄새에 속이 뒤집혔다. 코를 막아도, 입을 다물어도 소용없었다.

"조금 있으면 괜찮아질 게다. 약 냄새가 얼마나 좋은 건데 그러냐. 남들은 비싼 값을 주고 먹는 걸 우리는 만날 코로 마시는 거다."

차 아저씨가 사람 좋은 웃음을 지었다. 마들이는 이곳에 와서 약초란 것을 처음 보았다. 아니, 산과 들에 나던 풀과 씨앗들이 약이 된다는 걸 처음 알았다. 마들이는 어른들이 캐 온 약초를 씻어 말리고, 자르고, 볶는 일을 맡았다.

"밖에 나가 이 약초들에 대해 입도 뻥긋하면 안 된다. 이것들은 함부로 가르쳐 주는 게 아니다. 일을 시킬라 하니 어쩔 수 없이 건잠머리*해 주는 거니까 똑똑히 들어라."

차 아저씨가 가르쳐 주는 약초들은 참으로 신기했다. 질경

건잠머리 일을 시킬 때 대강의 방법을 일러 주고 필요한 도구를 챙겨 주는 일.

이 씨앗도 있고, 대나무 껍질을 얇게 벗겨 말린 것도 있고, 잘못 쓰면 독이 되는 약도 있었다. 지네 말린 것, 매미 허물 벗은 것, 오징어 뼈 같은 약재를 만질 때면 팔에 소름이 쫙 돋았다.

"약을 보고 징그럽다 하면 안 된다. 이게 얼마나 귀한 건지 아느냐? 봐라. 세상의 온갖 풀과 나무와 씨앗과 곤충이 다 약이 된다."

그랬다. 배고프면 칡을 캐 먹고 두릅을 따 먹었다. 어린 질경이 잎을 뜯어 삶아 먹고 쑥을 캐 먹었다. 그것들이 여기에선 다 약으로 쓰였다.

"이게 정말 약이라요?"

마들이가 더덕 뿌리를 들고 고개를 갸웃했다.

"우리도 멀방 어른이 아니었으면 약인 줄 몰랐을 게다. 멀방 어른이 성질은 칼칼해도 여간 똑똑한 양반이 아니야. 그 양반이 죽을 고생을 하고 구해 온 책에 나오는 약이다. 고마운 줄 알고 배워라."

마들이는 차츰 약재 냄새에 적응했다.

향과 모양만 보고도 무슨 약인지 알아맞혔다.

"이거, 들국화 말린 거는 감국 맞지요?"

"신통방통하네. 이쪽으로 재주가 있었구만."

마들이는 멀방 어른 댁에 오고 처음으로 칭찬을 받았다. 약도 귀한 게 있고 흔한 게 있었다. 녹용과 웅담, 해구신은 함부로 만질 수도 없는 귀한 약재였고, 길경, 대조, 목통 같은 것은 어디서나 흔한 약초였다.

"아저씨, 감초가 가장 흔한 약 맞지요?"

감초는 처방전마다 안 들어가는 데가 없었다.

"잘못 짚었다. 왜 그런지 아나? 감초가 우리나라에 잘 안 나기 때문이다. 감초는 배를 타고 멀리 나가 사 와야 된다. 감초는 가장 많이 쓰이면서도 귀한 약재인 거라."

마들이는 감초라는 약이 마음에 들었다. 가장 쓰임이 많으면서도 귀한 약. 자신도 그런 사람이 될 수 있을까 생각하다가 얼른 고개를 저었다.

"약은 정성이구만. 어르신은 약값이 약발을 만든다고 생각하는데 내 보니 약발은 정성에서 비롯되더구나."

마들이는 정성을 들였다. 어느 집의 누구 입으로 들어갈지 몰랐지만 마음을 다해 약초를 만지고 달였다.

 어느 날, 차 아저씨가 산내의 소식을 전해 주었다. 강 건너 뒷마을 토기 만드는 집으로 갔다고 했다. 잘된 일이었다. 산내가 멀리 가지 않아서 잘됐고, 아버지가 하던 일을 계속하게 돼서 잘됐다.

 "할배, 고맙습니다!"

 마들이는 꽃대 나루를 향해 고개를 숙였다. 할아버지의 허리는 다 나았는지, 치우는 어떻게 지내는지 궁금했지만 허락 없이는 나갈 수 없는 처지였다.

 "바쁘다, 바빠!"

 하인들이 정신없이 움직였다. 환자들이 부쩍 늘었다. 이곳에 와서 병 고친 사람들은 많은데, 환자는 계속 불어났다. 마들이의 손이 눈에 띄게 거칠어졌다. 급할 때는 혼자 작두질도 했다. 약초를 썰다가 작두날에 손가락을 베인 적도 여러 번이었다. 펄펄 끓는 약탕기에 팔도 데었다.

 손님들이 다 돌아간 어스름에 쉴 틈이 생겼다. 마들이는 약재 창고 기둥에 기대 흙구슬을 꺼냈다. 구슬을 봤을 뿐인데 아버지와 엄마, 산내의 얼굴이 차례로 지나갔다.

'순지는 어찌 지낼꼬?'

흙구슬을 손등에 올렸다 내렸다 하며 놀고 있는데 기척이 느껴졌다. 교였다. 마들이가 약재 창고로 오고 나서 교와는 한 번도 만나지 않았다. 마들이가 놀라 일어서니 교가 나무 기둥 너머로 사라져 버렸다.

"마들아, 좀 도와줄래?"

차 아저씨가 뛰어왔다.

"예?"

"네가 오고 환자들이 부쩍 늘었다. 약재 건사하는 일이랑 탕 달이는 일은 아랫것들한테 맡길 테니 약초 좀 캐 오너라."

"예? 제가 약초를요?"

"아무리 찾아봐도 너만큼 약초를 아는 사람이 없다. 이것들은 반거들충이*들이라 천 날 만 날 보는 황기와 당귀도 구별을 못하니."

"안 돼요. 저는 산을 탈 줄 모릅니다."

반거들충이 무엇을 배우다 중도에 그만두어 버리는 사람.

마들이는 발뺌을 했다. 혼자 산속으로 약초를 캐러 가라니! 뱀도 여우도 있고 멧돼지, 호랑이가 득실거리는 무서운 숲속을.

"내가 따라다니며 며칠 가르쳐 주꾸마. 부탁 좀 하자."

마들이는 어쩔 수 없이 차 아저씨를 따라나섰다. 차 아저씨는 커다란 망태와 낫을 들고, 마들이는 그보다 작은 다래끼*와 호미를 들었다. 저만치 꽃대 나루가 보였다. 나무배에 앉아 물장난을 하던 치우가 벌떡 일어섰다.

"어디 가는데?"

"약초 캐러 간다. 손님이 어찌나 들끓는지 정신이 하나도 없구만."

치우는 마들이에게 물었는데, 대답은 차 아저씨가 했다.

"약초 캐러?"

치우가 놀란 얼굴로 마들이를 훑어보았다. 처음 봤을 때보다 눈이 깊어지고 어른스러워졌다. 차림새는 좋아 보였지만 손은 농부처럼 거칠어 보였다.

다래끼 아가리가 좁고 바닥이 넓은 바구니.

"우리 오빠는……."

"산내 형은 잘 있다. 며칠 전에 강물을 길으러 왔더라. 재밌다더라."

다행이었다. 마들이도 힘은 들었지만 약초 만지는 일이 재미있었다. 일이 재미있으니 시간이 빨리 갔다. 어서 빨리 시간이 흘러 어른이 되면…….

"치우야, 저녁에 올 테니 잘 보고 있다가 또 건네도고."

차 아저씨와 마들이가 배에서 내렸다. 키가 작은 마들이가 차 아저씨를 따라가느라 종종거렸다.

약초와 삼

 마들이는 차 아저씨에게 많은 것을 배웠다. 산은 위험한 곳이었다. 마들이는 가장 먼저 몸을 지키는 법을 배웠다. 큰 산짐승과 맞닥뜨렸을 때의 대처법, 그들이 다니는 길, 배설물을 보고 어떤 짐승의 것인지 알아맞히는 법, 독사에게 물렸을 때, 다리를 삐었을 때의 응급 처치법 등이었다.
 다음으로 약이 되는 풀과 독이 되는 풀, 나무, 버섯 등에 대해 배웠다.
 "독초일수록 화려하고 빛도 곱다. 겉모양에 속으면 안 된다."
 며칠 후, 마들이는 혼자 산속으로 들어갔다.

할 수 있다고 다잡은 마음이 빽빽하게 우거진 숲 앞에서 무너졌다.

"욱!"

기어이 헛구역질이 올라왔다. 얼른 다래끼에서 계피를 꺼내 씹었다. 징그러운 약재를 만질 때마다 꺽꺽거리는 마들이에게 차 아저씨가 준 것이었다.

산속으로 발을 들여놓는데 심장 소리가 크게 울렸다. 우듬지*의 새들이 깃을 치는 소리, 다람쥐가 솔가리 위를 뛰어다니는 소리에도 가슴이 철렁 내려앉았다. 캐야 할 약초를 지나치면서도 눈에 들어오지 않았다.

키 작은 조릿대가 무성한 등성이를 지나자 애장* 터가 나왔다. 돌무덤 둘레로 갓 올라온 통통한 고사리가 수두룩했지만 꺾을 엄두도 못 냈다. 시간이 흐르고 산이 깊어졌지만 다래끼는 텅 비었다.

마들이는 멈춰 서서 숨을 가다듬었다. 군데군데 약초가 눈에 띄었다. 양지바른 곳의 익모초, 더덕, 둥굴레, 칡뿌리

우듬지 나무의 꼭대기 줄기.
애장 아이의 무덤.

를 정신없이 캐 담았다.

"삽초를 많이 캐 오너라."

차 아저씨가 당부했던 게 생각났다. 마들이는 좀 더 깊은 산속으로 들어갔다. 배에서 꼬르륵 소리가 났다. 나뭇잎 사이로 비치는 해를 보니 점심때도 한참 지났다.

마들이는 바위에 앉아 다래끼를 벌렸다. 주먹밥 두 덩이가 나왔다. 보리밥에 쌀밥이 간간이 섞인 주먹밥을 보니 산내 오빠와 나눠 먹던 식은 보리밥이 생각났다.

"오빠야……."

목이 콱 막혔다. 밥을 얼른 삼키고 일어났다. 제법 높이 올라왔는지 눈앞이 탁 트였다. 고개를 쭉 빼도 산내가 있다는 뒷마을은 보이지 않았다. 꼬불꼬불 이어진 물줄기만 무심히 흘러갔다.

손님이 없는지, 치우네 나룻배는 기슭에 얌전히 붙들려 있었다. 치우네 움막과 멀방 어른 댁도 한눈에 들어왔다. 멀리서 보니 마을은 그린 듯 아름다웠다.

엉덩이를 털고 일어서는데 바위틈에 푸른 열매를 조롱조롱 매단 풀이 눈에 들어왔다.

"이게 뭐꼬?"

풀 이파리를 뜯어 입에 대 보았지만 알 수 없었다. 호미로 살금살금 뿌리를 캤다. 차 아저씨에게 가져가 물어볼 참이었다. 뿌리는 생각보다 깊었다. 손을 잘못 놀려 뿌리 한 가지가 끊어졌다. 입에 넣고 씹어 보았다. 쌉싸래했다.

"이게 약초가? 독초가?"

마들이는 고개를 갸웃하며 계속 흙을 파냈다. 겨우 뿌리를 캐서 일어서는데 핑그르르 어지럼이 일었다. 머리가 어질어질하며 다리가 후들거렸다.

"우야꼬, 독인갑다…."

어찌해 보려 해도 몸을 움직일 수 없었다.

마들이는 날이 어둑어둑 저물 무렵에 깨어났다. 곁에 흰 수염을 늘어뜨린 할아버지가 앉아 있었다. 눈을 돌리는데 벽에 세워진 긴 칼 한 자루가 보였다.

"엄마야!"

마들이는 후닥닥 일어났다. 어림잡아도 마들이의 키 두 배나 될 법한 장도였다.

"몸을 함부로 놀리지 마라. 큰일 난다."

겉모습은 영락없는 할아버진데 목소리는 카랑카랑했다. 목에서 나는 소리가 아니고 배 속 깊은 곳에서 울려 나오는 소리였다.

그러고 보니 몸이 이상했다. 얼굴이 불에 덴 것처럼 화끈거렸다. 팔뚝에 빨간 종기도 올라와 있었다.

"도, 독이 온몸에 퍼졌어요?"

"독? 그래, 아주 무시무시한 독이다."

할아버지가 껄껄 웃었다.

"무슨 독인데요?"

"삼독이다. 네 몸에 돋은 것은 열꽃이고."

"삼독?"

"백 년 묵은 산삼을 캐 먹었으니 하늘의 명에 땅의 기운이 더해졌구나. 네 복이다. 며칠 동안 몸가짐을 조심해야 할 것이다. 음식도 가려 먹고. 여기 네가 캔 삼 뿌리를 가져왔으니 부모님께 갖다 드려라."

할아버지가 삼을 내놓았다. 차 아저씨가 산삼에 대해 말해 주었던 게 생각났다. 평생에 한 번 볼까 말까 한 삼, 천금을 주고도 못 산다는 삼.

"아닙니다. 이건 할배가 갖고 왔으니 할배가 드세요. 저는 부모님이 안 계십니다."

"그래서 너 혼자 약초를 캐러 왔느냐 이 깊은 산속에?"

마들이는 고개를 숙였다.

"집이 어디냐?"

"가락……."

마들이는 말하다 말고 멈칫했다.

"설마 가락국 아이는 아니겠지?"

할아버지의 눈이 날카롭게 빛났다. 마들이는 당황해서 입을 꾹 다물었다. 할아버지가 벌떡 일어나 칼을 뽑았다.

"어, 어."

마들이는 깜짝 놀라 뒤로 물러났다.

"겁먹지 마라. 이 문양을 본 적이 있느냐?"

마들이는 덜덜 떨면서 칼자루를 보았다. 둥근 고리 밑 손잡이에 거북과 용이 그려져 있었다.

"우리 엄마도 거북이가 그려진 칼을 들고 싸웠습니다."

"너희 어머니가? 그럼 너희 어머니가 가락국 여전사였느냐?"

"여…전사? 그건 잘 모르겠고, 전쟁에 나가 싸웠습니다. 집집마다 한 명씩 군사를 뽑았는데 우리 오빠야는 아직 어리고……."

"으음."

할아버지의 입에서 신음이 흘러나왔다.

"나를 만난 일을 비밀로 할 수 있느냐? 아니면 내가 움직여야 한다."

마들이는 할아버지가 누군지 몰랐지만 그 말을 단박에 이해했다. 떠돌아 본 사람만이 떠돌이의 삶을 알 수 있었다.

"걱정 마세요. 비밀은 꼭 지키겠습니다."

"보아하니 남의 집에 얹혀사는 모양이구나. 날이 저물었다. 그만 내려가거라."

밖을 내다보니 숲이 캄캄하게 덩이져 있었다.

"따라오너라. 이 삼 뿌리는 잘 간수하고. 아무리 봐도 이 늙은이 몫은 아니니."

할아버지가 삼을 마들이 다래끼에 넣어 주었다. 마들이는 할아버지 뒤를 쫓아갔다. 왜 이런 깊은 산속에 혼자 사냐고 묻고 싶었지만 입이 떨어지지 않았다. 얼마 걷지 않은 것 같은데 금방 산 밑이었다. 지름길인 모양이었다.

"또 약초 캐러 올 것이냐?"

"예? 예에."

"길을 잃거나 어려운 일을 당하거든 찾아오너라. 아니, 그게 아니라도 산에 오르거든 꼭 들르거라."

할아버지가 휘적휘적 산을 올라갔다. 천천히 걷는 것 같은데 금방 모습이 보이지 않았다. 꼭 허깨비한테 홀린 기분이었다. 마들이는 돌아서서 뛰었다. 어디가 길이고 밭인지 분간이 되지 않았다.

"강을 건너야 되는데, 강을!"

마들이는 발을 굴렸다. 이상한 산 할아버지를 만나 너무 늦어 버렸다. 차 아저씨가 걱정을 많이 할 것이다. 혹시 멀방 어른이 알기라도 한다면?

마들이가 동동거리고 있는데, 눈앞으로 거뭇한 무언가가 다가왔다.

"치우야!"

마들이는 반가워 소리쳤다. 치우가 배를 대 놓고 기다리고 있었다.

"내가 올 줄 어찌 알았더노?"

"그러면 산속에서 살려고 했더나?"

마들이는 반가워서 한 소린데, 치우가 골난 목소리로 쏘아붙였다.

"산 할배… 아, 아니다. 내 기다렸나?"

"그럼 귀신을 기다리나?"

치우는 초저녁부터 기슭에 배를 대 놓고 모래밭을 서성였다. 산어귀까지 뛰어갔다가 되돌아오기도 몇 번이었다. 처음엔 화가 나다가, 걱정이 되다가, 그런 자신의 모습에 어이가 없어 머리를 쥐어박기도 했다.

마들이는 뒤뚱거리며 배에 올랐다. 고맙다고 말하고 싶은데 입 밖으로 나오지 않았다.

"물귀신 되기 싫으면 뒤로 가 앉아라."

마들이는 뱃고물*에 가 앉았다. 치우가 어둠 속에서 삿대를 물속에 꽂았다.

뱃고물 배의 뒷부분.

"추르룽! 추르룽!"

삿대가 물에 박히자 이상한 소리가 났다. 구름에 가려 있던 반달이 슬며시 드러났다. 뿌연 달빛이 강물에 비쳐 어룽졌다.

마들이는 달빛이 흐르는 강물을 멍하니 바라보았다. 가락의 바다에 금빛으로 부서지던 아침 햇살이 떠올랐다. 어리숙하지만 착한 멍구 오빠, 마지막으로 땋아 준 순지의 머리칼, 멍구 오빠를 놀리던 두태 오빠의 목소리, 신라 아이들과의 싸움.

"얼른 내려라."

어느새 다 건너왔는지 치우가 밧줄을 말뚝에 묶었다. 마들이가 앞쪽으로 걸어가는데 배가 우쭐우쭐 춤을 췄다.

"엄마야!"

배 바닥에 엎어지려는 마들이를 치우가 꽉 붙잡았다.

"정신을 똑바로 차려야지! 중심을 딱 잡아라."

마들이는 흠칫했다. 순간적으로 치우의 얼굴에 산내 오빠의 얼굴이 겹쳐졌다.

"할배는 좀 어떠시노?"

"고만고만하다. 기력이 없어 삿대 잡긴 다 글렀다."

치우가 돌아섰다.

"참, 이거 할배 갖다 드려라. 씻어서 그냥 씹어 드시면 된다."

마들이가 다래끼 속에서 삼 뿌리를 꺼냈다.

"뭔데?"

"몸에 좋은 약이다. 한번에 먹으면 정신을 잃을 수도 있으니까 조금씩 드시라고 해라."

마들이는 몸을 돌려 멀방 어른 댁으로 뛰었다. 잠깐 산내 오빠 얼굴이 떠올랐다. 하지만 오빠는 건강하니까, 또 당장 만날 수도 없으니까. 삼이 주인을 제대로 찾은 것 같았다.

무사 할아버지

 마들이는 산이 좋았다. 이젠 산에서 헛구역질도 하지 않았다. 걸음도 조금씩 빨라졌다. 마들이는 느끼지 못했지만, 매일 강을 건네주는 치우는 확실히 눈치챌 수 있었다.
 "산돼지라도 때려잡을 모양이구만."
 바지 허리를 질끈 동여맨 마들이를 보고 치우가 퉁을 주었다. 산을 탈 때는 펄럭거리는 치마가 거추장스러웠다. 바지를 입으니 걸음 폭도 커지고 가뿐해졌다.
 '남자들은 편한 옷을 입어서 잘 걸었고만.'
 바지를 입고 보니 아이들에게 느림보라 놀림받은 게 억울했다.

마들이는 바지 밑단이 너풀거리지 않게 행전*을 동여맸다.

"맞다. 독사가 열 마리 덤벼도 안 물릴 자신 있다."

마들이가 씩 웃었다.

"참, 할배는 어떤데? 그 삼 드렸나?"

"뭐어, 삼? 그럼 그게 산삼이가?"

치우가 입을 쩍 벌렸다.

"나도 몰랐는데 그렇다더라."

"어쩐지. 할배가 막 코로 피를 쏟고 피똥을 싸고 난리도 아니었다. 덕분에 할배 허리가 많이 좋아졌다. 작대기 짚고 일어섰다."

"다행이네."

마들이는 뱃전에 걸쳐 놓았던 다래끼를 걸머졌다.

"참, 내가 약초 캐러 다니는 거 우리 오빠한테 말하지 마라. 꼭이다."

마들이 혼자 약초를 캐러 다니는 걸 알면 산내가 무슨 행

행전 바지 정강이에 감아 무릎 아래 매는 물건.

동을 할지 몰랐다. 이제 겨우 자리 잡고 재미 붙여 가는데 또다시 낯선 곳을 떠돌고 싶지 않았다.

마들이는 날마다 기분 좋게 산으로 들어섰다. 마들이가 산을 좋아하는 덴 다른 이유도 있었다. 마주칠 때마다 마들이를 흘겨보고 시뻐하는* 자이와 교 때문이었다. 교는 마들이에게 심술을 부리진 않았지만 늘 감시하는 것처럼 곁을 맴돌았다.

마을을 벗어나 산에 오르면 산새들의 노랫소리가 들리고 싱그러운 풀 냄새가 났다. 먹을거리도 심심찮게 생겼다. 약재로 쓰는 산딸기와 뽕나무 열매는 마들이가 좋아하는 군입거리이기도 했다. 목이 마르거나 입이 심심하면 칡뿌리나 마를 캐서 우적우적 씹었다.

다래끼는 점심을 먹기 전에 꽉 찼다. 마들이는 다래끼를 걸머쥐고 나는 듯 산막으로 달려갔다. 산 할아버지가 사는 집은 오래전 심마니들이 버리고 간 집이었다.

"할배, 배고파요!"

시뻐하다 마음에 차지 아니하여 시들하게 생각하다.

마들이는 오전에 약초를 다 캐고 산막에서 점심을 먹는 게 일과가 됐다.

"다 됐다. 오늘의 요리는 더덕구이다."

할아버지가 짓찧어 화덕에 구운 더덕을 둥글 바위로 가져왔다. 산막 옆에 넙데데하게 들어앉은 바위를 마들이가 둥글 바위라 이름 지었다. 구지봉의 고인돌보다 작았지만 두 사람이 다리를 뻗을 만큼은 충분했다.

"와, 내가 젤 좋아하는 더덕구이!"

마들이 얼굴이 환해졌다. 마들이는 서둘러 주먹밥을 꺼냈다. 할아버지와 한 덩이씩 나눠 먹었다. 할아버지가 내놓는 찬이 푸짐해 밥은 한 덩이만으로 충분했다.

"내가 네 양식을 뺏어 먹는 꼴이구나."

"아니에요, 할배. 엄마가 해 주던 것 말고 이렇게 맛있는 거 처음이라요."

정말이었다. 마들이는 누구와 함께 밥 먹는 즐거움을 다시 알게 됐다. 멀방 어른 댁은 먹을 게 많았지만 혼자 부엌에 쪼그려 앉아 허겁지겁 먹다 보니 맛이 느껴지지 않았다. 한번은 무심코 부뚜막에 엉덩이를 걸쳤다가 자이한테 혼찌

검이 나기도 했다.

"그보다, 할배. 부탁이 있습니다."

"무엇이냐? 내가 밥값을 할 만한 것이더냐."

"그게 아니고요, 저한테도 그걸 가르쳐 줄 수 있습니까? 아까 할배가 칼 가지고 이렇게 저렇게 하던 거."

"검술 말이냐?"

"예에! 검술."

마들이는 할아버지가 짧은 기합을 넣으며 몸을 놀리는 걸 몇 번 보았다. 할아버지는 날카롭고 무거운 칼을 들고도 몸이 나는 듯 가벼웠다.

"검술은 배워 무얼 하려느냐?"

"예전에 우리 엄마가 연습하는 걸 본 적이 있습니다. 엄마는 엄청 못했는데 할배는 엄청 잘하시데요. 우리 엄마가 할배 반만큼만 했어도 살아 있을 텐데……."

"검은 위험한 것이다. 네가 배울 만한 것이 못 돼."

"할배, 저도 배우고 싶습니다. 저도 용감하고 씩씩해지고 싶습니다!"

"왜 용감하고 씩씩해지려 하느냐?"

"저도 남들처럼 강하고, 두려움 없이 살고 싶습니다."

마들이가 힘주어 말했다.

"정 그렇다면 연단하는 법을 가르쳐 주마."

"연단이요?"

"연단이란 몸과 마음을 단련하는 것이다. 몸이 바로 서면 마음이 바로 서고, 밝고 강해져 두려움이 없어지지."

"좋아요, 할배! 저도 그렇게 살고 싶습니다!"

마들이는 벌떡 일어났다.

"기운을 아는 사람은 경거망동하지 않는다. 자리에서 일어날 때와 누울 때, 숨을 들이마시고 내쉴 때에도 조신하게 움직여야 한다."

"예."

마들이는 두 손을 앞으로 가지런히 모았다.

"그럼 오늘은 숨 쉬는 법을 배우거라."

"예? 숨 쉬는 것도 다 배워요?"

"숨 쉬는 것이 가장 중요하다. 네가 살아 있다는 증표가 무엇이냐? 숨이다. 숨을 쉬면 산 것이고, 쉬지 않으면 죽은 것이다."

"예에."

마들이는 고개를 끄덕였다.

"갓난아이를 본 적이 있느냐. 그 아이들은 배를 볼록거리며 배꼽 숨을 쉰다. 그러다 어른이 되면 가슴으로 숨 쉬고, 늙어 죽을 때는 목으로 쉰다. 사람이 죽을 때는 목으로 가쁜 숨을 내쉬다가 딸깍 멈춘다."

할아버지 말이 맞았다. 사람이 죽을 때 목에서 똑, 숨 떨어지는 소리가 난다고 어른들이 말하던 게 생각났다.

마들이는 할아버지에게 숨 쉬는 법을 배웠다. 이제까지 힘들이지 않고 그냥 쉰 숨을 배워서 하려니 그것도 어려웠다. 한참 들숨과 날숨에 집중하자 절로 등허리가 펴지고 뜨끈해졌다.

"언제 어디서나 이 숨을 놓치지 말아라. 그러면 아랫배가 따듯해지고 점차 기운이 장대해질 것이다."

마들이는 숨에 집중하며 천천히 산을 내려왔다. 부엌에서 혼자 식은 밥을 먹어도, 여종들의 발치에서 여윈잠을 자도 괜찮았다. 마들이는 더 이상 베개에 눈물을 묻히지 않았다.

"오늘은 단전 치기다. 팔을 벌려 손바닥으로 힘껏 치는 거다. 이렇게."

할아버지가 시범을 보였다.

"옳지. 그렇게 천 번을 치거라."

"예? 천 번이요?"

"많아서 그러느냐?"

"아닙니다. 할 수 있습니다."

마들이는 바위에 올라서서 손바닥으로 배를 쳤다.

"구령을 붙여라."

"하나, 둘, 셋, 넷……."

"밥은 입으로 안 먹고 코로 먹었느냐. 힘차게!"

"다섯! 여섯! 일곱!"

마들이가 천 번을 쳤을 땐 손바닥이 얼얼하고 뱃가죽이 땅겼다. 슬쩍 바지춤을 들춰 보니 아랫배가 불에 덴 것처럼 새빨갰다.

"힘이 드느냐?"

털썩 바위에 주저앉는데 할아버지가 다가왔다.

"아닙니다."

마들이는 얼른 일어났다.

"대장장이들이 도끼 하나를 만들기 위해 쇠망치를 몇 번 내리치는지 아느냐? 도공이 제대로 된 토기를 만들기 위해 얼마나 많은 그릇을 깨부수는지 아느냐?"

"압니다. 잘 알아요."

"안다?"

"아버지가 도공이었습니다. 가락국에서 제일가는 도공이었어요······."

할아버지 눈이 아득해졌다. 어느 해, 병사들에게 끌려온 한 도공이 떠올랐다. 그 도공의 얼굴이 가물가물했다.

"아비가 어디 있다고? 참, 돌아가셨다고 했지."

"껴묻혔습니다. 왕비님 무덤가에."

"뭣이?"

할아버지 몸이 움찔했다.

"왜요?"

"아니다, 아냐."

할아버지가 손을 내저었다. 마들이는 고개를 갸웃하며 산을 내려왔다.

아침에 일어났을 때는 뱃가죽이 땅겨 허리도 제대로 펼

수 없었다. 옷을 들춰 보니 아랫배는 푸르죽죽한 멍투성이였다.

'오늘은 가지 말까?'

몸이 부서지듯 아프니 산내 오빠가 보고 싶었다. 슬그머니 꾀가 생겼다. 산막에 가는 대신 산내 오빠가 일한다는 마을에 찾아가고 싶은 마음이 굴뚝같았다. 하지만 다래끼 안이 꽉 차자 저도 모르게 발길이 산막으로 향했다.

"오늘은 항아리 권법이다."

할아버지가 새로운 자세를 가르쳐 주었다. 두 다리를 어깨 넓이만큼 벌리고 항아리를 안은 듯이 팔을 올린 모양이다.

"오금*을 더 낮추고, 물이 가득 찬 항아리를 안고 있다고 생각해라."

마들이는 무릎을 낮추고 팔을 들어 올렸다. 얼마 안 있어 팔과 다리가 끊어져 나갈 듯 아팠다.

"무릎!"

마들이는 얼른 무릎을 낮췄다. 다리가 풍 맞은 것처럼 떨

오금 무릎이 구부러지는 오목한 안쪽 부분.

렸다. 팔도 스르르 내려갔다.

"버텨라. 네가 강해지고 싶다면 버티고, 또다시 힘없고 가난한 백성으로 떠돌고 싶다면 내려도 좋다!"

마들이는 어금니를 악물었다. 힘없고 가난한 백성! 할아버지가 마들이의 가슴 밑바닥에 웅크려 있던 뭔가를 건드렸다. 가락국 최고의 도공임에도 살림살이를 늘릴 줄 몰랐던 아버지. 돌아가신 왕비님의 무덤가에 산 채로 묻혀야만 했던 아버지. 평화롭던 불무골에 불어닥친 전쟁. 군사를 모집하러 왔던 대장이 산내 오빠를 훑어보던 눈초리.

"제, 제가 나가서 싸우겠습니더!"

엄마의 다급한 목소리, 몇 달 군사 훈련을 받고 칼을 잡은 엄마, 왕의 항복, 뒤늦게 들려온 엄마의 죽음. 모두가 힘없고 가난한 나라의 백성이기에 당한 고통이었다.

"으……."

마들이의 입에서 비명이 새어 나왔다.

"이만한 것도 못 참을 거면, 나한테 뭘 배울 생각은 당초에 말아라. 여리고 착하기만 한 것은 이 시대의 미덕이 아니다. 힘이 있어야 한다. 밝고 강해야 한다."

마들이는 아랫배에 힘을 주었다.

'그래. 힘을 기르겠어. 밝고 강해지겠어. 더 이상… 울지 않겠어!'

어느 순간, 다리의 떨림이 멎었다. 끊어질 듯한 팔의 아픔도 느껴지지 않았다.

"됐다."

할아버지가 돌아섰다. 마들이는 그대로 무릎을 꿇었다. 꽁무니바람*이 땀에 젖은 마들이의 목덜미를 훑고 지나갔다.

"너는 내가 누군지 궁금하겠지."

뒷짐을 진 할아버지의 눈이 먼 곳을 향했다.

"나는 무사였느니라. 무사였지만 한 번도 전쟁에 나가 보지 못했느니라. 나는 가락의 왕실을 지키던 무사, 늙은 호위 무사였지."

마들이는 흠칫 놀라 고개를 들었다.

"나는 선왕 때부터 왕실을 지켰다. 선왕과 왕비님이 돌아

꽁무니바람 뒤쪽에서 불어오는 바람.

가시고 새 왕을 모셨지. 마땅히 그때 두 분의 뒤를 따라갔어야 옳았는데. 죽어서라도 그 곁에 남았어야 했는데…….
이번에 왕께서 신라에 항복하러 가는 날도 뒤를 따랐지. 가다가 나는 길을 벗어났다."

"예에?"

"있을 수 없는 일이지. 무사의 길은 아니지. 허나 늙은 나를 끌고 가는 것도 왕의 체면은 아닐 것이다. 그쯤에서 사라지는 것이 도리일 듯 싶었다. 어쩌면 신라 땅에 발을 들여놓고 싶지 않아서일 수도 있고."

"우리 임금님은 왜 항복했어요? 끝까지 안 싸우고."

"고민이 깊으셨다. 싸워서 나라를 보전하는 것과 가야 백성의 목숨 사이에서. 싸워도 이길 기미는 보이지 않고 백성들만 다쳐 나가니까. 전쟁이 길어지면 백성들만 힘드니까. 어느 나라 어느 왕 밑에서건 부디 목숨만은 부지하고 살라고 가락국을 넘기고 홀로 방장산으로 들어가셨다. 나라보다 백성을 중히 여기신 거지. 참으로 어려운 결단이었다."

마들이는 숨이 턱 막혔다.

"너라면 어땠겠느냐?"

"예? 저요?"

"아니다. 괜한 질문을 했구나. 늙은이가 말이 많았다. 내일부터 검 잡는 법을 가르쳐 주마."

할아버지가 돌아섰다.

웃는 토우

"우습다."

산내는 황토를 퍼 담다 말고 픽 웃었다. 솥네 가마로 처음 오던 날이 떠올랐다.

"힘들지 않은 남의집살이가 어딨겠냐만 네 마음 가는 데로 가거라."

치우 할아버지가 대장간과 가마 집 중 어디가 좋으냐고 물었을 때, 산내는 피할 수 없다는 걸 깨달았다.

"가마 집으로 가겠습니다."

솥네 가마는 한 사람의 소유가 아니고 여러 도공이 힘을 합쳐 만든 공동 가마였다.

'그래, 어디 한번 해보자! 아버지가 뭣에 홀렸는지.'

산내는 처음부터 다시 시작했다. 가마도 물레 돌리는 것도 모두 처음 보는 척했다.

"참말로 신기하제? 어떻게 저 흔한 흙덩이를 조물락거려서 이렇게 멋진 토기를 만드는지."

신출내기가 들어와서 신이 난 빙포가 너스레를 떨었다.

"예. 억수로 신기합니다."

"앞으로 천 날 만 날 볼 수 있으니까 걱정 말고. 자, 흙 푸러 가자!"

산내는 바지게*를 지고 빙포를 따라갔다. 근처의 좋은 흙들은 이미 다 파서 제법 먼 곳까지 가야 했다.

"지푸라기하고 돌멩이는 잘 골라내고, 좋은 흙만 떠라."

빙포는 쇠스랑으로 흙을 파내고, 산내는 삽으로 퍼 담았다.

"너는 그래도 운이 억수로 좋은 줄 알아라. 내 같은 스승을 만났으니까. 나는 아무도 가르쳐 주는 사람 없이 혼자

바지게 소쿠리 모양의 발채를 얹은 지게.

배웠다."

빙포가 입찬말*을 하며 웃었다.

"왜, 내 말이 거짓부렁 같나?"

"아닙니다. 행님 말이 맞아요. 잘 좀 가르쳐 주십시오!"

산내는 묵묵히 삽질을 했다. 빙포는 흙덩이를 파다가 덥다며 나무 그늘로 갔다. 흙을 캐 나르고 체에 거르고 반죽하고 물레를 돌려 모양을 만들어 가마에 굽는 것을 수천, 수만 번 지켜봐 온 산내다. 물레를 돌려 모양을 내는 것은 재미있어 보였지만 일고여덟 번씩 흙을 고르고 치대는 일은 쳐다만 봐도 신물이 났다.

"한 번만 돌려 보면 안 돼요?"

슬쩍 물어볼 때면, 어김없이 아버지의 불벼락이 날아왔다.

"물레를 돌리고 싶거든 흙일부터 시작하거라!"

입찬말 자신의 지위나 능력을 믿고 지나치게 장담하는 말.

산내는 속으로 '쳇, 그깟 토기 나부랭이!' 하며 돌아서 버렸다. 그런데 이제 와 아버지도 아닌 남 밑에서 흙 푸는 일을 하고 있는 것이다.

"아직 멀었냐? 배고파 죽겠구만."

"예! 다 됐습니다."

산내가 먼저 밀삐*에 팔을 넣어 일어섰다. 너무 많이 퍼 담았는지 흙덩이들이 산내의 뒷덜미로 우수수 쏟아졌다.

"하하! 엔간히도 퍼 담았다. 잘하는 거다. 그래 욕심을

밀삐 지게를 질 수 있게 매여 있는 끈.

부려야 나중에 큰 도공이 되제!"

산내는 지게를 지고 뒤뚱거렸다. 엄마를 위해 나뭇짐은 져 봤지만, 아버지를 위해 흙 한 짐 져 보지 않았다.

산내는 낮이면 흙 퍼 오는 일을 하고, 밤이면 가마 옆 움막에서 등걸잠*을 잤다. 아침에 일어나면 등허리와 어깨가 빠져나가는 것 같았다. 그렇게 달포가 지나자 이골이 났는지 흙짐도 가뿐하게 지고, 힘든 줄 모르고 일찍 일어나게 되었다.

"아저씨, 저도 물레 한 번만 돌리게 해 주세요!"

빙포는 예전의 산내처럼 물레를 돌리고 싶어 안달했다.

"어허, 아직 멀었다. 우리 때는 흙 나르고 나무하는 머슴살이 3년을 했느니라. 그렇게 잔다리밟아야* 명장이 되지."

도공 아저씨가 나무랐다.

"3년이면 제 나이가 몇인데요. 장가도 가고 아이도 낳아야 하는구만."

등걸잠 옷을 입은 채 아무것도 덮지 않고 아무 데나 쓰러져 자는 잠.
잔다리밟다 낮은 지위에서 높은 지위로 차차 오르다.

빙포가 구시렁거리며 지게를 멨다. 산내는 씩 웃으며 빙포 뒤를 따랐다. 흙 나르고 나무하는 머슴살이 3년. 그것도 나쁘지 않았다.

"행님, 행님은 왜 도공이 될라 합니까? 다른 일거리도 있을 텐데."

"사람들이 내가 만든 토기를 잘 만들었다 하고 추어주면 기분 좋잖아. 장인으로 인정받으면 부자가 되고, 부자가 되면 어머니를 편히 모셔야제."

"행님은 효자네요."

"그러는 너는 왜 도공이 될라 하는데?"

"모르겠습니다. 왜 도공이 됐는지, 어떻게 도공이 됐는지 물어보지도 못했습니다."

"뭐라? 이놈 봐라. 겨우 흙 몇 짐 지고 벌써 도공이 된 것처럼 말하네."

빙포가 산내에게 꿀밤을 먹였다. 산내는 쓴웃음을 지었다. 아버지가 어떻게 도공이 됐는지, 왜 토기에 목숨을 걸었는지, 이젠 물어볼 수가 없다.

돌아오는 길에 산내는 치우를 만났다. 치우는 배를 대 놓고 젖은 모래밭에서 조개를 캐고 있었다.

"치우야, 우리 마들이 본 적 있나?"

산내가 다리쉼을 하며 물었다.

"요즘 맨날 봅니다."

"맨날? 무슨 일로?"

"그러니까 저기… 빨래도 하러 나오고."

약초 캐러 다닌다는 말은 하지 말라던 마들이 당부가 떠올랐다.

"괜찮더나? 힘들다고 질질 짜지는 않더나?"

"안 울던데요."

"그 물렁팥죽*이 웬일이고? 살만한갑다."

"한번 만나게 해 드릴까요?"

무슨 방법이 있는 것도 아니면서 치우가 물었다.

"만나면 뭐 하겠노. 잘 있으면 됐제."

서로 드난살이를 하고 있으니 만나 봐야 마음만 아플 것이다. 마들이가 여려서 걱정스럽긴 했지만 아직 때가 아니

물렁팥죽 마음이 무르고 약한 사람을 비유적으로 가리키는 말.

었다. 산내는 돌아섰다.

가마 둘레에 질 좋은 흙이 수북이 쌓였다.

"이제 나무하러 가자."

빙포가 산내 손을 잡아끌었다. 먼저 빙포가 시범을 보였다. 반반하고 굵은 소나무를 골라 밑동 깊숙이 쇠도끼를 꽂아 넣었다.

"방향을 잘못 잡으면 나무가 너한테 넘어오니까 조심해야 된다."

산내도 나무를 해 봤지만 겨우 부러진 삭정이나 솔가리를 모아 오는 정도였다. 이렇게 크고 잘생긴 나무를 베기는 처음이었다.

"꼭 소나무라야 됩니까. 다른 나무는 안 돼요?"

"소나무가 좋다. 이게 불심도 깊고 또……."

빙포는 그쯤에서 말이 막혔다. 왜 꼭 소나무여야 하는지 한 번도 생각해 보지 않았다. 그저 도공 아저씨가 해 오라니까 해 왔을 뿐이다.

"토기라는 게 뭐꼬. 바로 흙과 불과 물의 만남이잖아. 여기에 도공의 혼이 보태지면 진짜 명품이 탄생하는 거고. 그러니까 흙 알갱이 하나, 장작 하나라도 좋은 걸 써야제!"

빙포가 말머리를 돌렸다. 솔네 가마 한쪽에 굵은 소나무 둥치가 차곡차곡 쌓였다.

"오늘은 가마에 불 넣는다더라. 구경 가자."

솔네에 오고 처음 찾아온 휴식 시간이었다.

도공 아저씨들이 밤낮으로 빚은 토기들이 하나둘 가마 안으로 들어갔다. 불쏘시개에 불이 붙었다. 조름불*이 아궁이 속에서 서서히 몸피를 부풀렸다.

"산내야, 저 불꽃 좀 봐라. 이쁘제?"

"예."

산내가 고개를 끄덕였다.

"이렇게 불을 넣으면 삼일 밤낮을 땐다. 그런 다음 불을 삭히고 꼬박 하룻밤을 재우제. 그러면 저 흙덩이들이 안에서 터지지도 않고 땡글땡글 노릇노릇하게 구워져 나온다. 참말로 신기하제?"

"신기합니다. 참말로 대단합니다."

남의 나라, 남의 집에 와서 보니 이렇게 신기하고 멋진

조름불 맨 처음 가마에 독을 넣고 조금씩 때는 불.

일이 왜 예전에는 재미없고 지루한 일로 보였는지 몰랐다.

"우리 토기는 사질 점토*라 강하고 잘 깨지지 않는다. 또 선이 부드럽고 소박하면서도 우아하다. 신라 토기는 꼭 선머슴아가 만든 것처럼 민숭민숭하고 멋대가리 없다."

"이놈, 빙포야. 네놈이 언제 신라 토기를 구경이나 해 봤더냐?"

불길을 잡던 도공 아저씨가 놀렸다.

"아저씨도 참. 그걸 꼭 봐야 압니까. 신라 도공들이 가야 토기를 어찌 만드는지 궁금해서 염탐하러도 안 왔습니까. 척하면 딱이지요. 제 놈들이 더 잘 만들면 뭣 하러 남의 걸 훔쳐보러 옵니까."

"허허, 네놈 말도 일리는 있다."

도공 아저씨가 고개를 끄덕였다.

산내는 열기가 오르는 가마를 뚫어지게 바라보았다. 늘 남의 가마를 빌려 토기를 굽던 아버지가 처음 가마를 완성하던 날이 떠올랐다. 애초 여섯 칸 가마는 무리였다. 그때까지 마을에서 가장 큰 가마는 네 칸짜리였다. 아버지는 여

사질 점토 모래 성분이 많이 들어 있는 찰흙.

섯 칸 흙가마를 만들기 위해 수없이 날밤을 새우고 쌓고 부수었다.

겨우 가마를 만들고 첫 불을 넣을 때 귀퉁이가 주저앉은 것도 여러 번이었다. 볼록볼록 무덤처럼 솟아야 할 가마가 꺼질 때면 아버지의 몸도 따라 주저앉는 것 같았다.

'내가 만약 아버지를 따라 도공이 됐으면 가마를 지킬 수 있었을까?'

아니, 가마는 지키지 못했을 것이다. 그래도 아버지가 기뻐하는 모습은 볼 수 있었겠지.

"이놈아, 무슨 생각하냐?"

"예?"

산내는 생각에서 깨어났다.

"날도 더운데 목간이나 가자니까."

"행님 혼자 갔다 오세요. 저는 불 때는 거 더 구경할랍니다."

"하하, 이놈 봐라. 벌써 토기 귀신한테 단단히 붙들렸구나. 그래, 진짜 장인이 될라 하면 흙 귀신, 불귀신, 조상귀신이 다 붙어야 된다더라. 불 구경 많이 해라."

빙포가 훌훌 웃통을 벗으며 밖으로 나갔다.

산내는 불이 드는 아궁이를 한참 들여다보다가 일어났다. 흙 판에 도공 아저씨들이 만들고 남은 흙덩이가 널브러져 있었다. 산내는 흙덩이를 모아 잘 다졌다. 조그맣게 떼어 동글동글 빚었다. 부드럽고 찰진 감촉이 손가락 사이로 스며들었다.

흙을 주무르고 있으니 마음이 편해졌다. 잊고 있었던 두

태와 멍구, 순지와 석귀 아저씨, 미숭이 누나. 마을 사람들의 얼굴이 하나하나 떠올랐다.

산내는 흙을 뗐다 붙였다 하며 이리저리 모양을 만들었다. 만들다 보니 사람 얼굴 모양이 되었다. 가만 보니 멍구 녀석을 닮은 듯도 하다. 마음씨가 곱고 순해서 더 바보 같았던 멍구. 구멍 난 삼베 바지도 부끄러운 줄 모르고 입고 다녔던 멍구.

"토우로구나."

도공 아저씨가 넘겨다보았다.

"토우요?"

"뭔지도 모르고 만들었더냐? 그렇게 사람이나 동물 모양으로 빚은 걸 토우라고 한다."

"이런 것도 다 이름이 있어요?"

"세상에 이름 없는 게 어디 있더냐. 토우는 신라 사람들이 즐겨 만드는 것이다. 솜씨가 제법이구나. 잘 만들면 다음 가마에 구워 주마."

"예? 참말입니까?"

"이놈이 어디서 거짓부렁만 듣고 살았나. 어디 한번 맘껏 만들어 봐라. 자리는 넉넉하게 줄 테니. 하하하!"

도공 아저씨가 기분 좋게 웃었다.

산내는 토우를 만들었다. 토우를 빚기 위해 굳이 좋은 흙을 쓸 필요도 없었다. 그냥 쓰고 남은 자투리 흙덩이를 이리저리 주물럭거리면 완성이 됐다. 거친 옷을 입고, 거친 밥을 먹던 고향 사람들과 잘 어울렸다. 만들어진 토우를 들여다보면 두태 같기도 하고 순지 같기도 했다.

"좋아, 이번엔."

산내는 마들이 얼굴을 만들었다. 작은 얼굴에 눈동자가 커다란 겁쟁이 토우 하나가 만들어졌다.

"크으, 꼭 닮았다."

산내는 토우를 들여다보며 킥킥댔다. 한참 보니 겁먹은 마들이 토우가 불쌍해 보였다. 입가를 벌려 활짝 웃게 만들었다.

"이 가시나, 어디서라도 이렇게 웃고 살아야 될 텐데……."

마들이가 웃는 모습을 언제 보았는지 기억이 나지 않았다. 그림자처럼 산내 뒤를 따라다니던 마들이, 공벌레처럼 웅크리고 헛구역질하던 마들이, 금방이라도 눈물을 떨어뜨릴 듯 오빠야 하며 징징거리던 마들이 모습만 선명했다.

산내는 아버지와 엄마 토우를 만들었다. 잘되지 않았다. 다른 사람들은 생각나는 대로 척척 만들어지는데 엄마와 아버지 토우는 감이 잡히지 않았다.

"이상하다."

산내는 고개를 갸웃했다. 흙덩이를 짓이겨 치우와 치우 할아버지 토우를 만들었다. 삿대를 높이 치켜든 치우, 조개를 잡는 치우, 꼬부랑 지팡이를 든 치우 할아버지.

산내는 토우 만드는 게 좋았다. 마음에 드는 작품 하나를 위해 몇 달을 씨름하며 얼굴을 찌푸리고, 애써 만든 걸 성에 안 찬다고 깨트리지 않아서 더 좋았다. 못나면 못난 대로, 쭈글쭈글하면 쭈글쭈글한 대로의 맛이 있었다.

"좋아!"

산내는 무릎을 탁 쳤다.
"우리 가락국 사람들을 다 만들겠어. 내가 아는 사람 전부 다!"

가락의 딸, 가락의 공주

"할배, 검 잡는 거 가르쳐 준다더니 이 막대기는 뭡니까?"

마들이가 대나무 막대를 들고 툴툴거렸다.

"어허, 이놈. 검과 활이 그렇게 호락호락한 물건이면 나라가 쉬이 넘어갔겠느냐!"

할아버지의 호통에 마들이는 찔끔했다. 나라 이야기만 나오면 마들이는 힘이 빠졌다.

"할배, 우리나라는 왜 그래요?"

"뭣이 왜 그래?"

"고구려한테 얻어터지고, 백제한테 뺏기고, 신라한테 항복하고, 우리 군사들은 힘을 안 키우고 뭐 했어요?"

"오늘은 네가 내 심장을 찌르려고 작정을 했구나."

"왜 그러냐니깐요."

"왜긴 왜냐, 힘이 없어 그렇지. 뭉치지 못해 그렇지."

"뭉치긴 누구랑 뭉쳐요? 백제랑요? 바다 건너 왜국이랑요?"

"내 나라 두고 딴 놈이랑 왜 뭉치느냐? 게 앉아라. 검보다 제 뿌리를 아는 게 우선이니."

할아버지가 막대를 놓고 둥글 바위에 앉았다.

"할배, 겨우겨우 막대기라도 잡아 보는데 빨랑 가르쳐 주세요. 농땡이 부리시지 말고."

"고놈, 말버릇 하곤. 너는 네 조상 할머니가 누군지 아느냐?"

"우리 조상 할매요? 이름은 모르겠고 웃개댁이라고 불렸습니다. 거기서 시집왔다 하데요."

"그 할머니 말고 윗대로 거슬러 올라가서 수로왕의 부인 되시는 분 말이다."

"왕후마마? 에이, 제가 왕후마마 이름을 어찌 알아요."

"쯧쯧. 왕후님의 성은 허씨고 함자는 황 자, 옥 자니라."

"허황옥?"

"그렇다. 아유타국이란 먼 나라에서 바다를 건너오셨지. 왕과 왕후께서는 열 명의 왕자님과 두 명의 공주님을 두셨느니라."

"우아, 많다!"

"첫째 왕자님은 수로왕의 뒤를 이어 거등왕이 되셨지. 둘째와 셋째 왕자님은 왕후님의 성을 물려받아 허씨의 시조가 되었고, 나머지 일곱 왕자님은……."

"저도 알아요. 머리 깎고 절에서 공부하다 부처님이 되었지요. 그래서 그 절을 칠불사라 한다고 할매가 알려 줬습니다."

"알면서 시침을 떼었구나."

"아니에요. 할매가 오빠한테 말하는 거 조금 들었어요. 그럼 공주님은요?"

"한 공주님은 시집을 가고, 한 공주님은 바다 건너 섬나라로 가서 여왕이 되셨지."

"우아, 대단하다!"

"그래, 너는 그 대단한 왕과 왕후마마의 피를 이어받은 가락국의 딸이니라. 알겠느냐?"

"예에."

마들이는 대답했지만 이상한 생각이 들었다. 조상님은 그렇게 대단한 왕과 왕후마마인데 자신들은 왜 가진 것 없는 무지렁이*인지 알 수 없었다.

"네가 왕의 자손인데 왜 공주가 아닌지 궁금하느냐?"

마들이의 속마음을 들여다본 듯 할아버지가 껄껄 웃었다.

"아, 아닙니다. 저 같은 것이 공주는 무슨."

"너도 따지고 올라가면 가락의 공주다. 핏줄이 어디 가느냐. 거슬러 올라가면 우리 모두 한 핏줄, 한 형제가 된다."

마들이는 속으로 꼽아 보았다. 마들이의 아버지와 할아버지, 증조할아버지와 고조할아버지…….

"그렇게 거슬러 올라가면 가야와 신라, 백제, 고구려가 한민족이었던 조선이란 나라가 나온다.

"조선이요?"

무지렁이 아무것도 모르는 어리석은 사람.

"조선은 47대에 걸친 단군이 다스리던 평화로운 나라였지. 영토는 천 리 밖으로 뻗었고, 지혜로운 왕과 선한 백성들이 2천 년이 넘게 태평성대를 이어 왔지."

"그 나라는 어떻게 됐어요?"

"여기저기로 흩어졌다. 우리 가락국처럼. 하나로 뭉치지 않고 담을 쌓아 네 것 내 것을 따지면 이웃의 공격을 받기 쉽지. 안이 허술하면 밖에서 눈치채고 공격해 온다. 그럼 쉬이 무너지고 역사는 사라지지."

"그럼 그 나라는 흔적도 없이 사라진 거네요?"

"나라는 사라졌지만, 그 뿌리와 정신은 지금 여기에 있다."

"여기 어디요?"

"바로 이 땅에. 지금은 적이지만 신라와 백제, 고구려와 가야 땅에. 네 핏줄 속에 흐르고 있다. 자, 이제 검을 잡아라."

"예?"

"나라를 잃으면 역사가 사라지느니라. 역사가 사라지면 뿌리를 잃고 떠도느니라. 나라를 잃은 백성은 할 말이 없다. 막아라!"

할아버지의 지팡이가 곧장 마들이를 공격해 들어왔다. 마들이는 움찔했다.

"네 목숨이 열세 개라도 되는 줄 아느냐? 산삼을 캐 먹었다고 죽은 목숨이 살아 돌아오지는 않는다!"

마들이는 정신없이 지팡이를 막았다. 마들이가 아무리 막아도 할아버지는 가뿐하게 마들이의 급소를 공격해 왔다.

"왜 급소를 찌르는지 아느냐? 공격이 능사가 아니다. 방어를 잘하란 말이다. 나라가 어지러울 땐 제 목숨 하나는 스스로 지킬 줄 알아야 하느니라. 내일은 사정을 봐주지 않을 테니 단단히 각오하고 오너라."

"알겠습니다!"

마들이는 두 손을 앞으로 모아 인사를 올렸다.

다음 날 아침, 마들이는 늦잠을 잤다고 자이에게 호된 꾸지람을 들었다. 다른 때 같았으면 눈물이 핑 돌았을 텐데, 아무렇지 않았다. 현실은 바뀌지 않았는데 분명 어제와 달랐다. 마들이의 입가에 당찬 미소가 번지자, 자이의 눈꼬리가 더 올라갔다.

"치우야, 빨랑 배 좀 건네도!"

마들이는 마음이 급했다. 어서 빨리 산으로 가 무사 할아버지를 만나고 싶었다. 마들이는 배를 모는 치우를 말끄러미 바라보았다. 하루 종일 배만 모는 치우가 안돼 보였다. 치우에게 무사 할아버지 얘기를 하고 싶었다. 그렇게 좋은 것을 함께 배우면 오죽 좋을까 싶었다.

'오늘은 꼭 할배한테 여쭤봐야지.'

마들이는 속으로 다짐했다.

"산을 우습게 보지 마라. 독사한테 물리면 살을 찢고 독을 빼내야 된다. 아나?"

"알고 있다!"

마들이는 힘차게 대답하고 모래밭을 내달렸다. 산이 너른 품을 벌려 마들이를 안았다. 이렇게 좋은 산에 오르는 게 겁나 꺽꺽 토악질을 했다고 생각하니 웃음이 났다. 이젠 산짐승들도 다 친구였다. 웬만큼 사나운 짐승들도 가만 멈춰 서서 바라보면 슬그머니 꽁무니를 뺐다. 산에 있는 나무와 약초, 버섯에 대해서도 모르는 게 없었다.

다래끼가 거의 채워질 무렵, 마들이는 뜻밖의 사람을 만났다.

"오빠야!"

"어? 마들아."

도끼로 나무를 내리치던 산내가 더 놀랐다.

"비켜라, 저리 저리! 나무 넘어간다."

산내가 뛰어와 마들이 팔을 반대편으로 이끌었다. 우지끈 소리를 내며 굵은 소나무가 넘어갔다.

"큰일 날 뻔했다. 너는 여기서 뭐 하고 있노? 네가 진짜 마들이 맞나?"

산내가 마들이 둘레를 한 바퀴 돌았다.

"이 다래끼는 뭐꼬? 니 왜 이리 컸노?"

"오빠야도 많이 컸구만. 장가가도 되겠다."

"이 가시나가 겁도 없이 산속에서 뭐 하는 짓이고?"

산내가 다래끼를 빼앗아 따지고 들었다.

"이 풀들은 다 뭐꼬?"

"풀이 아니고 약초다."

"약초? 그게 뭐냐니까."

마들이는 어쩔 수 없이 약초 캐러 다닌 이야기를 했다.

"세상에! 간도 크다. 그 멀방 어른인가 하는 사람, 참 못됐네. 고생 안 시킨다고 그렇게 말휘갑*을 치더니 이 손이 다 뭐꼬."

산내가 마들이 손을 이리저리 살펴보다가 툭 내쳤다.

"괜찮다. 나는 지금이 참 좋다. 구지봉에서 숨바꼭질하고 놀 때만큼 좋다."

마들이가 활짝 웃었다. 산내는 웃는 마들이 얼굴이 낯설어 한참 쳐다보았다. 예전의 마들이 아니었다. 징징 짜고 툭 하면 꺽꺽거리며 머리카락을 뱅뱅 돌리던 마들이, 늘 겁에 질려 웅크려 있던 그 공벌레가 아니었다.

"오빠야는 나무하러 왔나? 토기 굽는 거는 좀 배웠나?"

"어찌 알았는데?"

"치우가 말해 주더라."

산내는 며칠 전부터 빙포와 떨어져 혼자 나무를 하고 있었다.

"아직 토기는 멀었고, 토우를 만들고 있다."

말휘갑 이리저리 말을 잘 둘러맞추는 일.

"토우? 그게 뭔데?"

"그런 게 있다. 나중에 보여 줄게. 그보다 저기 가서 밥 먹자. 먹을 거는 들고 다니나?"

"어. 그런데……."

"왜? 안 가져왔나?"

마들이는 할 수 없이 무사 할아버지와 산막 이야기를 했다.

"이 가시나가 혼자 무슨 짓을 하고 다니노. 퍼뜩 가 보자."

"안 된다. 거기는 할배하고 내하고 비밀 장소다. 말 안 하기로 철썩같이 약속했다."

"약속 좋아하네. 당장 앞장서지 못하겠나!"

산내가 빽 고함쳤다. 마들이는 마지못해 앞섰다.

"할배, 놀라지 마세요. 우리 오빠라요. 오빠가 와 봐야 된다 해서."

마들이가 쭈뼛거리며 고했다.

"잘 왔다. 둘이 똑 닮았구나."

할아버지가 웃는 낯을 했다.

"온 김에 같이 연습하면 되겠구나."

"예? 정말이에요? 참말로 그래도 됩니까?"

마들이가 좋아서 폴짝폴짝 뛰었다.

"오빠야는 이 작대기 잡아라. 내가 저거 들게. 이걸 칼이라 생각하고."

"가만있어 봐라. 네가 왜 이 할배한테 칼싸움을 배우는데? 전쟁에라도 나가나? 어? 엄마처럼 전쟁에 나가 개죽음당하려고 그라나?"

"우리 엄마 개죽음당한 거 아니다. 엄마는 오빠 니 대신……."

마들이는 손으로 입을 막았다. 얘기하면 안 되는데 말이 나와 버렸다.

"엄마가 내 대신이라니 무슨 말이고? 내 대신 전쟁에 나갔단 말이가?"

마들이가 푹 고개를 숙였다.

'그랬구나!'

산내는 자신과 비슷한 또래들이 전쟁에 나가는 걸 보면서도 까맣게 몰랐다.

산내는 털썩 무릎을 꿇었다. 그런 것도 모르고 이제껏 엄마를 원망했다. 아버지도 없는데 자신들만 남겨 놓고 칼을 잡았다고, 어이없게 죽어 버렸다고 원망했다.

"일어나거라. 지난 일에 너무 마음을 쓰면 몸을 다친다. 나고 죽는 것은 사람의 뜻이 아니니라."

할아버지가 산내의 어깨에 손을 얹었다.

"보아라. 마들이가 산을 타고부터 한층 어연번듯해졌다.* 이 아이는 너무 약해서 그동안 세상 살기가 힘들었다. 이제 점점 단단히 여물어 가고 있느니라."

"……."

"네 동생이 걱정되면 너도 일 끝내고 이리 올라오너라. 같이 배워 두면 언젠가는 써먹을 날이 있을 것인즉."

"할배!"

마들이가 꽥 고함쳤다.

"기껏 연단시켜 놨더니 소리로 다 내보낼 셈이냐? 귀청 떨어지겠다."

"한 사람 더 데려오면 안 돼요? 딱 한 사람만요."

"누군데 그러느냐?"

"그런 사람이 있어요. 그럼 내일 데려올게요."

"그리해라. 하늘이 이 늙은이를 살려 둔 뜻이 있었나 보구나. 감사한 일이지."

어연번듯하다 세상에 드러내 보이기에 아주 떳떳하고 번듯하다.

뱃사공 소년 치우

치우는 잠을 설쳤다.
"내일 점심 먹고 산으로 올라온나. 내가 어귀에서 기다리고 있을게. 꼭!"
어제 저녁, 마들이가 한 말이 귓가를 떠나지 않았다. 칼싸움을 가르쳐 준다니 구미가 당겼다. 하지만 어떤 사람인지도 모르고 넙죽 찾아갈 수는 없었다.
가락국이 넘어가고 나라 안팎이 뒤숭숭했다. 안라국도 안심할 수 없었다.
'이상한 사람한테 잘못 걸리기라도 하면?'
머리칼이 쭈뼛 섰다가 마들이를 떠올리자 이내 마음이

놓였다. 그동안 마들이를 지켜보면서 늘 고개를 갸우뚱거렸던 치우다.

'그깟 산을 탄다고 저렇게 변하지는 않을 건데.'

점점 행동이 빨라지고 눈에 띄게 활달해지는 마들이를 보며 든 생각이었다. 그렇다고 마들이에게 산에서 무얼 하는지 꼬치꼬치 캐물을 수도 없었다.

'좋아. 한번 가 보면 알지!'

치우는 일찍 일어나 나무배를 말끔히 청소했다. 대나무를 쪄 와 할아버지 손에 맞는 삿대도 하나 만들었다.

"할배, 괜찮겠어요? 반나절이면 됩니다."

"걱정 마라. 낮엔 손님도 없는데 뭘 그러누."

할아버지는 오히려 홀가분했다. 그동안 어린 치우에게 힘든 뱃일을 맡겼다는 생각에 마음이 편치 않았던 것이다. 할아버지와 치우는 나란히 삿대를 저어 강을 건너갔다.

"허리 조심하고요!"

치우가 모래밭을 가로질러 갔다. 산 밑에서 기다리던 마들이가 손을 흔들었다. 치우와 마들이가 산막에 도착하고 얼마 안 있어 산내도 올라왔다.

"형!"

치우가 기뻐 소리쳤다. 마들이랑 둘이 낯선 곳에 있으려니 어색했는데 산내를 보니 무척 반가웠다.

"누군가 했더니 마들이가 남자 친구를 데려왔구나."

할아버지가 지팡이를 들고 나왔다.

"할배, 아니라요!"

마들이가 버럭 소리쳤다.

"또, 또. 항상 호흡을 놓치지 말고 조신하라고 했는데. 숨 쉬기를 다시 배워야겠구나."

"잘못했어요. 숨 쉬기는 다 압니다."

마들이가 냉큼 꼬리를 내렸다.

"알면 네 오라비와 동무에게 가르쳐 보려무나. 어디 잘 배웠나 보자."

할아버지가 그루터기에 앉았다. 마들이가 씩 웃으며 산내와 치우를 둥글 바위로 불렀다.

"잘 들어라. 모든 동작 중에서 숨 쉬기가 가장 중요하다. 우리는 이제까지 제대로 숨 쉬어 본 적이 없다. 들숨에 하늘과 땅의 기운을 들이마시고, 날숨에 몸의 나쁜 찌꺼기를 내보낸다고 생각해야 된다."

마들이가 존조리* 설명했다.

"이번엔 항아리 자세다."

마들이는 한꺼번에 연단까지 가르쳤다. 할아버지한테 연단을 배우면서 늘 혼자 배우는 게 미안했던 마들이다.

"오빠랑 치우는 남자니까, 눈치 볼 것도 없이 틈날 때마다 연습해라. 나는 몇 달 동안 배운 건데 하루 만에 가르쳐 주는 걸 고맙게 생각하고. 내 따라오려면 똥줄이 타게 연습해야 할 거다."

"허허허!"

할아버지가 웃으며 산막 안으로 들어갔다.

"이 가시나가 누구한테 명령이고?"

때를 놓치지 않고 산내가 눈을 부라렸다.

"가시나, 가시나 하지 마라. 기분 나쁘다."

마들이가 당차게 말했다. 치우는 항아리 자세를 하다가 금방 무릎을 꿇었다.

존조리 잘 타이르듯 조리 있고 친절하게.

"일어나라. 그래 갖고 어떻게 너그 나라를 지킬래? 할배가 그러더라. 안라국도 언제 어떻게 될지 모른다고. 흩어진 가야가 똘똘 뭉쳐도 살아남을까 말까 한데 너희는 어쩔래? 우리 가락국같이 되고 싶나?"

치우는 흠칫했다.

"나라가 없으면 얼마나 서러운 줄 아나? 안 당해 본 사람은 상상도 못할 거다."

치우는 다시 일어섰다. 치우는 마들이와 산내가 어떻게 흘러와서, 어떻게 살고 있는지 누구보다 잘 알았다. 만약 자신이 그렇게 된다면? 생각하기도 싫었다.

"치우야, 너는 뭐가 되고 싶노? 꿈이 뭐꼬?"

마들이가 치우를 물고 늘어졌다.

"꾸움?"

치우는 몸을 떨었다. 항아리 자세가 어려워서만은 아니었다. 난생 처음 듣는 꿈이라는 말이 치우의 가슴에 콱 박혔다.

"앞으로 뭐가 되고 싶냔 말이다."

그건 한 번도 생각해 보지 않았다.

　치우는 어릴 때 부모를 잃었다. 서너 살 먹었을 때부터 배를 모는 할아버지 곁에서 자랐다. 사공은 고된 직업이었다. 누가 부르면 잠을 자다가도, 밥을 먹다가도 노를 저으러 나가야 했다.

　비 오는 날은 아무리 잘 짜인 도롱이나 삿갓을 눌러써도 빗물이 몸속으로 스며들었다. 장마 때 큰물이 들면 강가의 나무배와 움막은 흔적도 없이 떠내려가 버렸다. 그러면 남의 집 지붕 밑에서 내리는 빗물을 원망스레 바라보는 것밖에 할 일이 없었다.

　'사공!'

　치우는 할아버지처럼 살고 싶지 않았다. 하지만 어쩔 수 없었다. 할아버지는 평생을 다해 꽃대 나루를 지켰고, 그 힘으로 치우를 키워 왔다. 할아버지의 일이 곧 치우의 일이었다.

"안 돼!"

치우는 다시 주저앉았다. 벗어나고 싶어도 벗어날 수 없는 질긴 끈이 할아버지와 치우를 옭아매고 있었다.

"뭐가 안 되는데? 무엇이 안 되는데? 네가 안 된다고 생각하니까 안 되는 거다!"

마들이가 매섭게 몰아붙였다.

"너는 네 맘대로 살 수 있다. 너는 네가 가고 싶은 데로 갈 수 있다. 할배한테 물어봐라. 내 말이 틀린가."

치우의 얼굴이 일그러졌다. 산내가 그만하라고 눈을 흘겼다.

"나라 없는 우리도 사는데, 너는 무엇이 부족하노? 무엇이 안 되노?"

치우가 몸을 돌려 훌쩍 바위에서 뛰어내렸다. 그러곤 말없이 산을 내려가 버렸다.

"너는 왜 남을 울리고 그라노? 안 본 새 많이 못돼졌고만."

산내가 마들이를 노려보았다.

"맞다. 나는 못됐다. 독해졌다."

마들이가 돌아섰다.

"나는 강해질 거다. 씩씩하고 용감해질 거다. 더 이상 울고 다니지 않을 거다."

산내는 마들이 어깨를 잡으려다 내렸다. 이제 마들이는 더 이상 코흘리개 어린애가 아니었다. 변해도 너무 변했다. 마들이가 이만큼 강해져서 기뻐야 되는데, 산내는 마음이 무거웠다.

'그동안 많이 힘들었구나.'

혼자 산을 오르내리고, 무술을 배워야 할 만큼 힘들었구나. 안간힘 쓰며 지내 왔구나. 산내는 그렇게 짐작했다.

둘은 묵묵히 나뭇짐과 다래끼를 메고 산을 내려왔다.

그때, 산내는 깨달았다. 왜 엄마와 아버지의 토우를 만들지 못했는지. 아버지뿐 아니라 엄마에게도 버려졌다는 원망. 자신들을 지켜 주지 않고 떠난 부모님에 대한 미움 때문이었다.

'좋아!'

산내는 바지런히 걸었다. 이젠 만들 수 있을 것 같았다. 원망과 미움 없이 아버지와 엄마를 대할 수 있을 것 같았다.

산내가 돌아보니 마들이가 배에 타고 있었다.

"의리도 없이 혼자 내빼고."

마들이가 배 가운데로 나왔다.

"거치적거린다. 뒤에 가서 앉아라."

치우가 무뚝뚝하게 쏘았다.

"나도 한번 저어 보자."

마들이가 남은 삿대 하나를 집었다.

"생각보다 가볍네. 어, 어!"

물이 깊어서인지 삿대는 강바닥에 꽂히지 않고 붕 떠올랐다.

"치워라. 배는 아무나 모는 줄 아나?"

"좀 가르쳐 도. 나도 연단하는 거 가르쳐 줬잖아."

마들이가 다시 삿대를 꽂았다.

"됐다. 꽂혔다!"

마들이가 힘껏 삿대를 밀었다. 나무배가 슈욱 소리를 내며 앞으로 나아갔다.

"잘 간다. 너는 조금 쉬어라. 연단한다고 힘들었을 텐데."

"지금 누구 놀리나?"

"놀리긴 누가 놀린다고 그라노. 이것도 재밌네. 나는 뭐든지 다 배울 거다. 배우면 언젠가는 쓰임이 있다더라. 세상에 경험만큼 큰 재산이 없다더라. 우리는 어쩌면 이 세상에 경험하러 온지도 모른다더라."

"누가?"

"무사 할배. 그 할배, 참 멋지제?"

"멋진 게 다 얼어 죽었는갑다."

"큭큭! 마음을 열면 모두가 다 스승이라더니 참말이다. 차 아저씨도 그렇고, 무사 할배도 그렇고, 또 심보가 고약하지만 자이도 많은 걸 가르쳐 준다."

"뭘 그리 많이 배웠는데?"

"세상에 약과 독이 되는 풀도 배우고, 연단도 배우고, 설거지 빨리하는 법도 배운다."

"장하구만."

"이젠 너한테 배 모는 걸 배울 거다."

"왜? 뱃사공이라도 하려고?"

"못할 줄 아나? 나는 뭐든지 다 할 수 있다. 세상 어디에 갖다 놔도 살 수 있다. 하늘 아래, 땅 위에 못 가고 못할 일이 없다."

"많이 컸네."

치우가 혀를 내둘렀다.

"맞제? 내가 생각해도 많이 컸다. 아무래도 내 간덩이가 부었나 보다. 치우야, 너희 집에 가도 되나? 밥 좀 줄래? 오늘 말을 많이 했더니 배고프다."

"어쭈! 오지랖도 넓어졌네. 밥 달라는 소리는 어디서 배웠는데?"

"그 말은 배운 적이 없는데 하나를 배우니 열 가지가 따라온다."

치우는 배를 기슭에 맸다. 마들이가 졸랑졸랑 따라왔.

"할배, 오랜만입니다. 몸은 좀 어떠세요?"

"나는 괜찮다. 그래, 멀방 어른 댁에서는 지낼 만하냐?"

평상에 앉아 기다리던 치우 할아버지가 반겼다.

"예."

"그 댁 도련님이 여간 까탈스러운 게 아닐 텐데."

"괜찮아요. 말도 못하는데요, 뭐."

"못하는 게 아니고 안 하는 거다."

"진짜요? 왜 그러는데요?"

"모르는 척해라. 제 엄마가 둘째 부인인데 본부인이 투기를 해서 안 내쫓았나. 제 엄마가 쫓겨나면서 무슨 말을 했는지 그 뒤로 입을 닫았구먼."

"어쩐지 이상하더라. 형제들은요?"

"본부인에게서 난 자식들은 시집, 장가 다 갔지. 멀방 어른이 늦둥이라 귀여워해도 한번 닫힌 마음이 열리나. 본부인 구박도 알게 모르게 있을 것이고."

대꼬챙이로 개구리 똥구멍을 쑤시던 교의 얼굴이 떠올랐다. 그 얼굴에 비치던 비웃음, 옥구슬 목걸이를 치렁치렁 건 마님의 매서운 눈초리도.

"어린 마음에 은결든* 게 약을 쓴다고 들나. 그럴 때 보면 멀방 어른도 참 딱하구먼."

교 앞에서 쩔쩔매던 멀방 어른이 떠올랐다.

은결들다 상처가 내부에 생기다.

"할배, 남 얘기하면 뭐합니까. 들어가세요."

치우가 할아버지 팔을 부축했다.

"네 말이 맞다. 마들아, 우리 집에 가서 밥 먹고 가거라. 쥐코밥상*이지만 혼자 먹는 것보다 나을 게다."

"예, 할아버지!"

쥐코밥상 밥 한 그릇과 반찬 한두 가지만으로 차린 아주 간단한 밥상.

하늘의 뜻

"봐라, 이게 토우라는 거다."

산내가 산막으로 토우를 가져왔다.

"이건 명구 토우, 이건 두태 토우. 이건 순지다."

"와! 명구 오빠, 똑같다! 순지도. 신기하다. 어떻게 만든 거고?"

마들이가 토우를 양손에 들고 활짝 웃었다.

"그 사람 생각하면서 이리저리 주물럭거리면 된다. 엄마 하고 아버지 토우도 만들어 놨다. 이건 네 거다."

산내가 토우 하나를 내밀었다. 입가를 활짝 벌려 웃고 있는 마들이 토우였다.

"이게 내가? 신기해라."

마들이는 웃고 있는 토우가 보기 좋았다. 아니, 오빠가 자신을 웃는 토우로 만들어 줘서 기뻤다.

"이것뿐이 아니다. 나는 우리 마을, 우리 가락국 사람을 다 만들 거다. 전부 다!"

"와, 멋지다! 그럼 그것도 만들어 줄래? 우리 수로왕하고 허 왕후마마. 또 단군 할아버지도."

"수로왕하고 왕후마마? 단군 할아버지? 그건 좀 어려운데. 어떻게 생겼는지 모르잖아."

"우리하고 비슷하게 만들면 된다. 다 한 핏줄이니까."

"뭐어? 간 큰 소리도 다 한다."

"아니다. 나도 거슬러 올라가면 가락의 공주고 단군의 후손이라더라. 가야와 신라, 백제, 고구려가 본래 한민족이었다더라."

한동안 떨어져 있던 마들이와 산내는 할 말이 많았다. 대련을 하면서도 계속 말을 주고받았다.

"부러운 모양이구나."

마들이와 산내를 흘깃거리는 치우에게 할아버지가 말했

다.

"아, 아닙니다."

치우는 얼른 작대기를 곧추세웠다.

"그동안 칼과 창 던지는 법을 배웠으니 오늘은 활 쏘는 법을 가르쳐 주마."

할아버지가 활과 화살을 가져왔다. 할아버지가 당긴 화살이 차례로 과녁판 중앙에 꽂혔다.

"활을 쏠 때 가장 중요한 것이 마음과 눈이다. 마음과 눈빛에 한 치의 동요가 없을 때, 정신 통일이 될 때, 시위를 당긴다."

할아버지가 활 잡는 법과 자세를 가르쳐 주었다.

"돌멩이로 과녁판의 화살을 부러뜨려 보아라."

산내와 치우, 마들이가 차례로 돌멩이를 던졌다. 모두 빗나갔다.

"그냥 돌멩이가 아니라 화살이라고 생각해야지. 너희는 지금 전쟁놀이를 하는 게 아니다. 돌 하나에 온 마음을 집중해서 정확하게 던져야지!"

아이들이 다시 돌멩이를 주워 들 때였다.

"저것 보세요!"

뒤에서 날카로운 쇳소리가 날아들었다. 자이였다. 자이 둘레로 몽둥이를 든 장정 여러 명과 멀방 어른이 보였다.

"첩자들이 틀림없습니다요!"

"잡아라!"

멀방 어른이 손짓했다.

"할배!"

마들이가 돌멩이를 쥔 손에 힘을 주었다. 할아버지가 고개를 저었다. 반항하지 말라는 뜻이다. 순식간에 할아버지와 아이들의 손이 뒤로 묶였다.

"끌고 내려가라. 산막을 샅샅이 수색해라!"

멀방 어른이 화살과 활, 토우를 집어 들었다.

"이것들도 챙겨라."

자이가 냉큼 받아 들었다. 할아버지와 세 아이들은 모래밭으로 끌려 내려왔다. 배를 대 놓고 기다리던 치우 할아버지가 놀라 휘청거렸다.

"할배, 걱정 마세요. 아무 일도 아닙니다. 오해가 있는 모양이라요."

치우가 앞으로 나섰다.

"닥쳐라!"

팔에 물고기 문신을 한 장정이 치우를 걷어찼다.

"어찌, 이게 무슨……."

덜덜 떨던 할아버지가 삿대를 놓쳤다.

"이 노인네가!"

장정이 떠내려가는 삿대를 주워 올렸다. 배가 나루에 닿았다.

무사 할아버지와 아이들은 줄줄이 멀방 어른 댁으로 끌려갔다.

"대체 네놈 정체가 무엇이더냐?"

멀방 어른이 꿇어앉은 무사 할아버지 앞에 버티고 섰다.

"산속에서 뭣 하는 짓이냐? 정녕 신라나 백제의 첩자라도 되는 것이냐?"

무사 할아버지는 두 눈을 감고 꿈쩍도 하지 않았다. 멀방 어른은 들끓는 화를 마들이에게 쏟아부었다.

"네 이년! 나라 잃은 백성이라 가엾게 여기고 거두었더니 감쪽같이 속인 게 아니냐. 내 집에서 뭘 했느냐? 약재를 빼

돌렸느냐, 내가 목숨 걸고 들여온 처방술을 훔쳤느냐? 어디로 가져가려 했느냐, 설마 왜국으로 가져가려 했느냐?"

"아닙니다, 어르신. 오해라요. 저는 가락국 백성입니다!"

"집어치워라. 듣자 하니 내 밑에서 몇 년을 일한 식솔보다 더 빨리 약재 이름을 외웠다지? 가락의 무지렁이가 그럴 수는 없는 법이지!"

애초 교를 위해 데려온 마들이를 차에게 보낸 것은, 마들이가 오갈 데 없는 고아라는 사실이 크게 작용했다. 목숨 걸고 구한 귀한 약초 지식과 처방술이 한 사람에게라도 새어 나가는 걸 막을 속셈이었던 것이다. 그런데 믿는 도끼에 발등을 찍혀도 단단히 찍혔다.

"가서 이 아이 오라비가 일했다는 집 어른을 데려오너라. 강가의 그 늙은 사공도 끌고 오고!"

곧 솥네 가마의 도장 어른과 빙포, 치우 할아버지가 끌려왔다. 얼핏 고개를 든 마들이 눈에 교의 창백한 얼굴이 들어왔다. 기둥에 몸을 숨긴 교의 눈이 날카롭게 빛났다.

"도장 어른, 저 아이가 첩자라는 걸 알고 있었습니까?"

멀방 어른이 도장 어른 앞으로 나섰다.

"첩자라뇨? 무슨 말씀이온지?"

"이런 답답한 어른을 봤나. 저 아이들이 산막에서 작당을 하고 있었습니다. 저 아이가 우리 안라국의 토기 기술을 다 빼돌리고 있었단 말입니다. 아시겠습니까?"

"그, 그럴 리가?"

"이건 뭣 하는 물건입니까?"

멀방 어른이 토우를 집어 들었다.

"토우라고 합니다. 주로 신라에서 만드는 물건이지요."

"이걸 보고도 의심이 안 들었습니까? 도대체 도장 어른은 기술 관리를 어떻게 하는 겁니까?"

도장 어른은 움칠했다. 잘못하면 함께 엮여 들어갈 판이다. 도장 어른은 입을 다물었다. 빙포는 무슨 일인지 감을 잡지 못하고 그저 눈동자만 되록거리고 있었다.

"저 사공 영감과 아이도 눈여겨봤어야 했다. 나루가 뭐냐. 사람이 들고나는 길목이다. 나루를 뺏기면 우리는 꼼짝 없이 당하고 만다. 그야말로 앉은뱅이 신세란 말이다. 자이가 아니었으면 큰일 날 뻔하지 않았느냐!"

자이는 고개를 숙이며 야지랑스럽게* 웃었다. 자이는 속이 다 후련했다. 어디서 굴러왔는지도 모르는 마들이란 계집아이 때문에 그동안 속앓이를 많이 했다.

자이는 오래전부터 교에게 마음이 있었다. 친엄마를 떠나보내고 입을 닫은 교가 불쌍했다. 언젠가 멀방 어른과 마님이 세상을 떠나면 교 같은 아이는 한 손에 휘어잡을 자신이 있었다. 그런데 마들이가 나타나고 교가 변했다. 아무에게도 관심을 보이지 않던 교가 마들이 주변을 맴돌기 시작한 것이다. 자이는 속이 들끓었다. 마들이를 구박하고 고자질하면서 쫓겨나기를 바랐다.

'진작 제 발로 나갈 것이지.'

자이는 밧줄에 묶인 마들이를 쏘아보았다.

"저것들을 창고에 가둬라! 날이 밝는 대로 관으로 압송할 것이다."

마들이와 산내, 치우와 치우 할아버지, 무사 할아버지는 손이 뒤로 묶인 채 곡물 창고로 끌려갔다.

"철커덕!"

야지랑스럽다 얄밉도록 능청맞고 천연스럽다.

밖에서 문이 잠기는 쇳소리가 났다. 이 곡물 창고의 열쇠는 멀방 어른과 마님만 가지고 있었다. 희망이 없었다.

"쥐 새끼 한 마리 얼씬거리지 못하게 해라!"

멀방 어른이 엄명을 내렸다. 마들이는 픽 웃었다. 쥐 새끼는 밖이 아니라 벌써 안에 들어와 있었던 것이다. 나락을 까먹던 살찐 쥐 두 마리가 어쩔 줄 모르고 허둥댔다.

"문디 가시나, 지금 웃음이 나오나?"

산내가 눈을 부라렸다.

"우리는 아무 죄가 없는데 뭣이 겁나노? 관에 가면 사실이 다 밝혀질 거다."

마들이는 태연한 척 말했지만, 속으론 가슴이 터질 듯 쿵쾅댔다.

"우리가 첩자라잖아. 사실이 밝혀지기 전에 우리 목이 달아날 거다."

치우가 겁먹은 얼굴로 할아버지를 보았다.

"할배, 죄송합니다. 할배 몸도 안 좋은데 어째요?"

"나는 괜찮다. 내는 이제 다 산 목숨이지. 그보다 어린 너희를 어쩌누. 목숨이 아까워 어쩌누."

"할배는 왜 아무 말도 안 했어요? 가락국의 호위 무사였다고 말하지요. 그러면 다 밝혀질 게 아닙니까?"

마들이가 할아버지에게 따졌다. 할아버지는 여전히 눈을 감고 있었다.

"지금 연단해요? 속 터져 죽겠는데."

"또 숨이 목으로 차오른다. 네 목에 쇳소리가 가득하구나. 헛 가르쳤다."

마들이는 뜨끔해서 입을 다물었다.

"내 이리될 줄 알았느니라. 너희가 한둘도 아니고 여럿이 닳도록 드나드니 당연히 말이 나지. 소문이 나지 않는 것이 이상하지 않느냐?"

"할배는 그걸 알면서 우리를 오라 했어요? 이럴 줄 알면서 무술을 가르쳤어요?"

"어쩔 수 있느냐. 하늘이 내게 준 마지막 일거린데 열심히 해야지."

"그래서 이제 우리는 어째요? 죽어요? 그게 하늘의 뜻이라요?"

"모른다. 내 어찌 하늘의 뜻을 미루어 짐작하겠느냐."

"어휴!"

마들이가 한숨을 쉬었다.

"달이 떴구나."

무사 할아버지가 무심히 중얼거렸다. 굵은 통나무 사이로 희뿌연 달빛이 스며들고 있었다.

"그때…….'"

무사 할아버지가 뜬금없이 이야기를 시작했다.

"수로왕의 일곱 왕자가 외삼촌인 보옥선사와 함께 운상원으로 갔구나. 거기서 2년 넘게 용맹 정진하고 있는데, 어느 날 달빛이 참으로 고왔구나. 한 왕자가 달빛을 보며 시를 외니 옆의 왕자가 답 시를 읊었구나. 또 한 왕자는 작대기로 원을 그렸다가 발로 뭉개고, 나머지 왕자들은 고개를 끄덕이고 있었다. 이때, 선사가 지팡이를 힘껏 내리치니 일곱 왕자가 크게 웃으며 깊이 깨달아 모두 부처가 되었느니라."

"예? 그럼 혹시, 할배도 그런 신통력을 부릴 수 있어요?"

마들이가 눈을 빛냈다.

"일곱 왕자는 보옥선사 신통력으로 깨달은 것이 아니니

라. 각자 스스로 깨쳤지."

"에이, 난 또 할배가 우리를 감쪽같이 빼내 줄 방도가 있는 줄 알았네."

"뜻 없이 이야기 한 자락 한 것이니라. 달빛이 하 좋기로."

"그러면 또 해 주세요. 어차피 할 일도 없고, 잠도 안 오고……."

"이노옴, 너는 네 조상님의 이야기를 심심풀이로 들으려 하느냐? 나는 잠이나 자련다."

할아버지가 모로 누웠다.

그러고는 이내 코를 골며 잠들었다.

"진짜 속 편하다. 무슨 배짱이고?"

마들이는 입을 내밀고 잠든 무사 할아버지를 바라보았다. 치우와 산내, 치우 할아버지는 통나무 벽에 기대앉았다. 모두 말이 없었다. 무사 할아버지의 코 고는 소리만 높아졌다 낮아졌다 했다.

갑자기 당한 일에 놀라고 무서웠던 마음이 시나브로* 가라앉았다. 마들이는 신기했다. 옛날 같았으면 열두 번도 더

까무러치고 토악질을 했을 텐데.

'무사 할배 덕분이야!'

마들이는 깨달았다. 무사 할아버지가 아무렇지도 않게 이야기를 하고 편안하게 잠을 자고 있기 때문에 다들 마음이 고요하게 가라앉은 것이다. 큰 기운을 가진 사람이 주변 사람을 그 기운 속으로 끌어들이고 있었다.

'그렇구나…….'

마들이는 눈을 감고 숨을 깊이 들이마셨다.

시나브로 모르는 사이에 조금씩.

같이 가자!

밤이 깊어 갔다.

달은 구름 사이로 숨어 버렸는지 이젠 빛 한 줄기 비치지 않았다.

"달그락!"

조심스럽게 쇳소리가 들렸다.

"누, 누구?"

마들이는 번쩍 눈을 떴다. 산내가 얼른 마들이 입을 막았다. 언제 잠들었냐는 듯 무사 할아버지가 깨어났다. 소리가 잠잠해졌다.

무사 할아버지가 살며시 문을 밀었다. 발소리를 죽이고

모두 밖으로 빠져나갔다.

"나루로 가거라."

무사 할아버지가 낮게 말했다.

마들이는 대문 쪽으로 뛰다가 약재 창고 기둥 사이로 숨는 그림자를 보았다.

"차 아저씨?"

마들이가 돌아섰다.

"서둘러라."

"할배, 곧 따라갈게요. 걱정 마세요."

마들이는 기둥 쪽으로 뛰었다. 그림자가 우왕좌왕했다.

"교? 교지? 거기 서 봐. 할 말이 있어."

마들이가 그림자 앞으로 다가갔다. 역시 교였다.

"왜 우릴 도와주는 거야?"

마들이의 눈이 의혹으로 가득 찼다.

"어쨌든, 고맙다."

마들이는 대문으로 뛰다가 돌아섰다. 교가 기둥 앞으로 나와 있었다.

"같이 갈래? 너, 우리랑 같이 가고 싶제?"

"……."

"같이 가자! 너는 네 엄마를 찾아가면 되잖아."

마들이가 교의 손을 잡았다.

"뛰어!"

마들이와 교는 꽃대 나루를 향해 달렸다. 나루에서 기다리고 있던 사람들이 놀라 교를 쳐다보았다.

"걱정 마세요. 우리랑 같이 갈 거예요. 멀방 어른 막내아들인데, 자기 엄마를 찾으러 갈 겁니다. 맞제?"

"……."

"이러고 있을 때가 아니다. 어서 타거라."

무사 할아버지가 마들이와 교의 등을 밀었다.

치우와 치우 할아버지가 삿대를 잡았다. 배가 조용히 물살을 갈랐다.

"이 아이가 어머니를 찾아간다고? 어머니가 어디 있느냐?"

무사 할아버지가 교와 마들이를 번갈아 보았다.

"몰라요. 교야, 너희 엄마 어디 있는지 아나?"

교가 고개를 흔들었다.

"일 났네. 그러면 너희 엄마 고향은 어딘데?"

"……."

"대답해라. 나는 네가 말할 줄 아는 거 알고 있다. 퍼뜩!"

"부, 불사……."

교가 우물거렸다.

"불사국*?"

무사 할아버지의 물음에 교가 천천히 고개를 끄덕였다.

"잘됐구나. 너희는 계속 이 강을 거슬러 올라가거라. 하루 이틀 걸으면 불사국이 나올 것이다. 거기서 계속 강을 따라가면 개포 나루가 나온다. 아니면 중간쯤 적교 나루를 건너 다라국을 거쳐 가거라. 거기도 다 가야 소국이다. 다라국의 지릿재를 넘어가면 대가야. 대가야……."

"잠깐만요, 할배. 그러면 할배는 안 갑니까?"

"나는 돌아가 누명을 벗을 것이다."

"무슨 소리예요? 당연히 같이 가야죠. 이렇게 된 마당에 누명을 벗으면 뭐 합니까. 같이 가세요."

불사국 비화가야. 창녕에 자리했던 가야 소국.

"아니다. 이 늙은이가 움직이기엔 먼 길이다. 너희가 갈 길은 가락국에서 여기 온 거리의 두 배가 넘는다. 대가야가 힘을 모으고 있다더라. 거기로 가서 너희의 뜻을 펼치거라."

"안 돼요, 할배. 우리끼리 못 갑니다."

"가거라. 아무 걱정 말고. 이건 급할 때 쓰고."

무사 할아버지가 짧은 손칼 하나를 마들이 손에 쥐어 주었다.

"이런 것도 가지고 있었어요?"

마들이가 놀라 물었다.

곧 배가 기슭에 닿았다. 산내와 마들이, 교가 차례대로 내렸다.

"치우야, 너는 왜 안 내리느냐. 너도 가거라."

"저, 저도요? 할배는요?"

"나는 다 살았다. 너를 이 나루에 묶어 두고 싶지 않구나. 어서 따라가거라."

"안 됩니다. 할배를 두고 어찌 갑니까?"

"사람은 머무를 때와 움직일 때를 알아야 한다. 큰물을 만났을 때 바다로 흘러가거라. 가서 하늘 뜻대로 살아가거라. 할애비 마지막 소원이다. 어서!"

할아버지가 치우를 배 밖으로 밀었다. 배가 뒤로 성큼 물러났다.

"서둘러라. 사람들이 뒤쫓기 전에!"

"할배!"

물속으로 뛰어들려는 치우를 산내와 마들이가 잡았다.

"할배 마지막 소원이라잖아. 같이 가자!"

"발자국이 남을지 모른다. 길로 올라서자."

그들은 모래밭을 가로질러 좁은 흙길로 올라섰다. 어느새 꽃대 나루는 흔적도 보이지 않았다.

"할배."

치우가 계속 돌아보며 눈가를 훔쳤다.

"울지 마라, 사내자슥이."

마들이가 치우 등을 두드렸다. 교가 돌멩이에 걸렸는지 기우뚱했다.

"걸을 수 있겠나? 귀한 집 도련님이."

마들이가 교의 팔을 붙잡았다. 교가 움칠했다.

그즈음 무사 할아버지와 치우 할아버지는 다시 멀방 어른 댁 곡물 창고로 들어갔다. 창고를 지키던 두 장정은 잠에 곯아떨어져 있었다.

"어찌 된 일이냐? 쥐 새끼 한 마리 얼씬거리지 못하게 지키라 하지 않았느냐?"

"쇠, 쇤네들도 무슨 영문이온지……."

그들은 언제 어떻게 곯아떨어졌는지 알 수가 없었다.

"무얼 먹었느냐?"

"저녁 먹고, 창고 옆에 물을 갖다 놓았길래 마셨습니다."

"누구냐? 누가 물을 갖다 놓았느냐?"

멀방 어른이 다그쳤지만 모두 꿀 먹은 벙어리였다. 아무래도 집 안에 공모자가 있는 듯했다.

"차를 불러오너라."

차 아저씨가 불려 나왔다.

"어찌 생각하느냐? 저것들이 약 탄 물을 마셨다면? 내 집에 너만큼 약을 잘 아는 사람이 없다."

"어르신, 천부당만부당한 소립니다요. 소인이 어찌……."

"나으리! 나으리! 교 도련님이 없어졌습니다요!"

자이가 엎어질 듯 치맛자락을 펄럭이며 뛰어왔다. 집 안이 다시 아수라장이 되었다. 허둥거리던 멀방 어른이 치우 할아버지와 무사 할아버지 앞으로 나섰다.

"네, 이놈들! 내 아들을 어디로 빼돌렸느냐? 어디로 끌고 갔느냐?"

"우리 늙은이들은 모르는 일입니다. 우리도 잘 자고 일어났더니 이리됐습니다. 어린 것들이 도망가려면 늙은이도 데려갈 것이지, 아주 버르장머리가 못됐습니다."

무사 할아버지가 태평하게 받았다.

"이 늙은이가 지금 누굴 놀리나! 그럼 이 칼은 무엇이더냐?"

멀방 어른이 산막에서 가져온 무사 할아버지의 환두대도를 빼 들었다. 날카로운 칼날이 무사 할아버지의 목을 겨누었다.

"훔쳤습니다."

"훔쳤다? 이 용은 왕실 문양이 아니더냐? 바른 대로 대라."

"제 살길 찾아 도망치는 늙은 호위 무사의 칼을 뺏었습니다. 제법 그럴싸해 보여서요."

"이런 고얀! 네놈이 정녕 신라의 첩자냐? 백제의 첩자냐? 아니면 왜국의 첩자더냐?"

멀방 어른의 칼날이 할아버지의 목을 지그시 눌렀다. 설마 고구려 같은 강대국이 이런 늙은이와 애송이들을 내륙 깊숙이 내려보내진 않았을 것이다. 멀방 어른의 머리가 촉 빠르게 움직였다.

"좋을 대로 생각하십시오. 진실을 말하자면, 늙은이가 꼬맹이들을 꼬드겨 칼싸움 몇 번을 한 것뿐입니다. 산막에 혼자 살려니 여간 적적해야지요."

"닥쳐라! 이 늙은이 주둥이에 재갈을 물려라. 두 손과 발을 쇠사슬로 묶어라. 그리고 급히 사람을 모아 경계로 보내라. 서둘러라!"

무사 할아버지의 입이 검은 천으로 묶였다. 무사 할아버지는 속으로 웃었다. 신라는 동쪽, 백제는 서쪽, 왜국은 바다 건너에 있었다. 사람들은 동, 서, 남쪽으로 뒤쫓고 그 틈에 아이들은 무사히 내륙을 따라 북쪽 대가야로 들어갈 것이다.

멀방 어른이 풀어놓은 장정과 안라국 군사들이 흩어졌다. 무사 할아버지는 관으로 끌려갔다.

"저 늙은 사공은 어찌할깝쇼? 사공이 없어 배가 묶였습니다."

멀방 어른이 눈을 가늘게 뜨고 치우 할아버지를 훑었다.

"당장 때려죽여도 시원치 않으나 네 업이 너를 살린 줄 알아라. 풀어 주고 계속 감시해라!"

치우 할아버지는 비틀거리며 꽃대 나루로 돌아왔다.

"치우야……."

할아버지는 강가에 서서 아이들이 거슬러 올라간 길을 하염없이 바라보았다.

"어디를 가든 이 나루보다야 못하겠느냐. 가서 네 뜻하는 대로 마음먹은 대로 살아 보거라."

무엇이 될까?

아이들은 꼬박 하루하고 반나절을 걸었다. 밤에도 쉬지 않고 걸었다. 달빛이 희미하게 길을 밝혀 주었다.
"자, 잠깐."
숨을 헐떡이며 걷던 교의 걸음이 느려졌다.
"못 걷겠나?"
마들이가 교의 얼굴을 들여다보았다. 창백하고 핏기 없던 얼굴이 땀과 먼지로 번들거렸다.
"어, 엄마 고향에 호, 호수가 있다고."
아이들이 멈춰 서서 둘레를 살펴보았다. 저만치 거대한 호수가 펼쳐져 있었다.

"저게 호수가? 강이 아니고?"

아이들이 호수로 뛰어갔다. 코앞에서 봐도 강인지 호수인지 구별이 되지 않았다.

"이게 진짜 호수 맞나? 완전 똥강이구만."

마들이가 풀떨기를 헤치고 내려가 손으로 물을 움켰다.

"보자. 우리가 하루하고 반나절 걸었으니까 할배가 말한 것하고 얼추 맞는갑다. 여기가 불사국이란 말이제? 교야, 이제 너 혼자 엄마를 찾아갈 수 있겠나?"

교가 냉큼 고개를 저었다.

"우리가 네 엄마 찾는다고 함께 뭉쳐 다닐 수는 없다. 안 그래도 네 명이 같이 다니면 눈에 확 띄는데."

"나, 나는?"

"여기서부터 너 혼자 엄마를 찾아가야 된다. 가면서 사람들한테 자꾸 물어봐라. 엄마 찾아가는 길이라 하면 사람들이 가르쳐 줄 거다."

"아… 안 돼. 난 못해!"

교가 주저앉았다.

"같이 찾아 주자."

산내가 나섰다.

"안 된다. 교는 한두 살 먹은 어린애가 아니다."

마들이는 교를 잘 알았다. 약하고 힘없는 자신을 숨기기 위해 일부러 잔인한 짓을 하고 엉뚱한 행동을 한다는 것을. 마들이가 그랬다. 자신보다 힘세고 무서운 것 앞에서는 지레 겁먹고 눈감았다. 바로 기가 죽어 눈물부터 흘렸다.

그런 자신의 모습을 참을 수 없어 꺽꺽 토악질을 해 댔다.

"너는 엄마를 찾을 수 있다. 딴 사람은 못 찾아도 너는 꼭 찾는다. 왜 그런 줄 아나? 바로 네 엄마니까 그렇다."

교가 고개를 들었다. 눈동자가 불안하게 흔들렸다.

"만약 내한테 엄마가 있으면 나는 백 날을 걸어서라도 찾아갈 거다. 불사국 아니라 백제 땅이라도 찾아갈 거다. 여기 있는 산내 오빠도 그렇고 치우도 그렇다. 그렇지만 우리한테는 엄마가 없다. 아버지도 없다. 아무리 찾아가고 싶어도 찾아갈 부모님이 없단 말이다."

교가 비틀거리며 일어났다.

"너는 복이 많은 아이다. 너는 엄마가 두 분이고, 끔찍이 아껴 주는 아버지가 있다. 세상에 겁날 게 뭐 있노. 만약 찾고 찾고 또 찾아도 엄마를 못 찾겠거든 우리를 찾아온나. 대가야로 온나. 너한테는 살길이 얼마든지 있다."

마들이가 교의 어깨에 손을 얹었다.

"그리고 이제부터 엄마 보고 싶으면 보고 싶다고 말해라. 엄마 찾아 달라고, 같이 살고 싶다고 떼를 쓰란 말이다. 말 안 하고 가만있으면 누가 알아주더나? 언제까지 입 꼭 닫고 벙어리처럼 살 거가?"

"아, 어……."

교는 무슨 말을 할 듯 말 듯 입을 달막거렸다.

"명심해라. 아프기 싫으면 네가 스스로 강해져야 한다. 누가 너한테 상처 준 게 아니다. 네 상처는 네가 만든단 말이다. 언제까지 입 닫고 어린애로 살 수 없다. 알았제?"

"……."

"교야, 우리 풀어 줘서 참 고마웠데이. 잊지 않을게."

마들이가 교의 어깨를 감쌌다가 놓았다.

교는 크게 숨을 몰아쉬고 결심한 듯 빙글 돌아섰다. 한 걸음, 두 걸음. 걸음을 세듯 발걸음을 옮기기 시작했다.

"괜찮겠나?"

산내가 걱정스러운 듯 눈을 떼지 못했다.

"믿어 보자. 언제까지 멀방 어른 옷자락에 숨어 살 수는 없잖아."

마들이는 축 처진 교가 지난날 자신의 모습 같아 마음이 아팠지만 애써 담담하게 말했다.

"과연 엄마를 찾을까? 못 찾고 우리 뒤를 쫓아올까? 아

니면 아버지한테 돌아갈까?"

치우가 어려운 문제라는 듯 고개를 갸웃했다.

"엄마를 만나 행복하게 살면 좋고, 아니면 우리랑 만나도 좋고. 멀방 어른한테는 안 갔으면 좋겠는데……."

마들이는 돌아섰다. 산내와 치우도 돌아섰다.

셋은 걸음을 재촉했다. 앞으로 얼마나 더 걸어야 대가야가 나올지 알 수 없었다. 손에 아무것도 든 게 없어 홀가분했지만 그만큼 또 불안했다. 먹는 것도, 잠자는 것도 그때그때 알아서 해결해야 했다.

들판에서 연기 한 줄기가 모락모락 올라왔다. 허리 굽은 농부가 타작을 끝낸 빈 들에서 짚북데기*를 태우고 있었

다.

"아, 좋다! 난 이 냄새가 참 좋아."

마들이는 숨을 깊이 들이마셨다. 고향 집의 아궁이 냄새가 떠올랐다. 저녁이면 밥 찌는 냄새가 구수하게 돌던 가난한 바닷가 마을도 생각났다. 낟가리* 속에서 검불을 몸에 묻히고 숨바꼭질도 많이 했다. 그 속에 잠들어 엄마의 애간장도 태웠다.

"우리 할배는 어찌 됐을까? 걱정이 돼 죽겠다."

치우의 걸음이 무거워졌다.

짚북데기 짚이 아무렇게나 뒤섞여서 엉클어진 뭉텅이.
낟가리 낟알이 붙은 곡식을 그대로 쌓은 더미.

"걱정 마라. 죄 없는 할배한테 해코지야 하겠나."

산내가 치우 어깨에 팔을 둘렀다.

"무사 할배가 더 걱정이다. 멀방 어른이 가만 안 둘 텐데."

셋 중에서 마들이 가슴은 더 탔다. 산속에서 할아버지를 만나지 않았다면 이런 일은 없었을 것이다. 하지만 할아버지를 만나지 못했다면? 마들이는 여전히 울보에 겁쟁이에 느림보로 세상을 겁내며 살았을 거다. 늘 토악질을 해 대며 공벌레처럼 웅크리고 살았을 거다.

"할배……."

마들이는 가만히 할아버지를 불렀다.

이때 할아버지는 마지막 숨을 몰아쉬고 있었다. 얼마든지 살길을 찾을 수 있었지만 순순히 포기했다.

'명이 길었다.'

할아버지는 눈을 감으며 생각했다. 돌아가신 선왕이나 왕비님 곁에 껴묻혔어도 좋았다. 그때 이미 죽은 목숨이었다. 왕비님은 마지막 순간에 도공을 택했다. 날카로운 검 대신 아름다운 토기를 곁에 두신 것이다.

'함께 묻히게 해 주이소.'

항아리 하나를 껴안고 온 도공의 눈빛이 되살아났다. 그 도공의 아이들을 만나게 하려고 하늘이 자신의 목숨을 살렸는가 싶었다.

'미안하고 감사하다.'

자신이 누울 자리에 대신 들어간 도공에게 미안했다. 신라로 가지 않고 뒤로 물러선 걸음에 감사했다. 그 길에서 마들이, 산내, 치우, 세 아이를 만난 게 감사했다. 죽은 도공에게 빚을 갚을 수 있도록 도운 하늘에 감사했다.

할아버지는 고요히 숨을 거두었다. 마지막 숨을 몰아쉴 때 목에서 '똑' 하는 소리가 났다.

떨어진 벼 이삭에 고개를 처박고 있던 새 떼들이 날아올랐다. 마들이는 무슨 생각을 했는지 짧은 손칼을 꺼냈다.

"왜 그러는데?"

산내와 치우가 말릴 틈도 없이 마들이는 자신의 머리채를 낚아채 댕강 잘랐다.

"이 가시나가 미쳤나?"

산내가 마들이 손에서 칼을 뺏었다. 하지만 이미 마들이 머리채는 땅에 떨어진 뒤였다. 마들이는 살래살래 고개를 흔들었다. 삐죽삐죽 제멋대로 솟은 머리카락이 찰랑찰랑 춤을 추었다.

"머리카락은 왜 자르고 난리고? 어?"

마들이는 흙바닥에 떨어진 머리채를 집어 들었다. 머리를 묶었던 흰 천을 빼내고 머리채를 우거진 숲속으로 던졌다.

"속 시원하다."

마들이는 흰 천을 이마에 대고 질끈 묶었다.

"뭐 하는 짓이고?"

"어때? 머슴아 같나?"

마들이가 한 바퀴 빙 돌았다.

"빗자루 몽댕이 춤추나? 꼴 보기 싫다."

산내가 홱 돌아섰다. 치우는 뭐가 우스운지 고개를 돌리고 킥킥댔다.

"치우야, 너는 좋제? 응?"

"꼭 어울린다. 같이 빨가벗고 고기 잡으러 다녀도 되겠다."

"흥! 내가 못 잡을 줄 알고."

마들이가 콧방귀를 뀌며 산내 앞으로 나섰다.

"오빠야는 대가야로 가면 뭘 하고 싶노?"

"모른다."

산내가 잘라 말했다.

"대답해 봐라. 궁금하다."

글쎄, 대가야로 가면 뭘 해야 할까? 무엇을 할 수 있을까? 다시 흙을 파고 나무를 하고 머슴살이를 해야 할까? 과연 아버지의 뒤를 이을 수 있을까? 좋은 토기 하나를 만들기 위해 수천수만 번 똑같은 일을 되풀이할 수 있을까.

"기억난다. 전에 우리가 가락국을 떠날 때 아버지 가마에 갔었제. 그때 굽다리 접시 하나를 주웠제. 나는 깨졌다고 버리라 했는데 오빠는 금만 갔다고 보따리에 넣었제."

마들이가 산내 마음을 들여다본 듯 천천히 말을 이었다.

"얼마 전엔 토우를 보여 줬제. 우리 가락국 사람들을 다 만들겠다고 했제. 나는, 그 말이 참 듣기 좋았다. 가슴이 뛰었다."

산내는 솟네 가마에서 만들다 만 토우들을 떠올렸다. 창과 활을 들고 전쟁터로 나간 사람들, 살길을 찾아 신라로 들어간 사람들, 지금 이 순간에도 정처 없는 길을 떠돌아다

닐 사람들. 소박하고 꾸밈없는 가난한 이웃들의 눈과 코와 입과 귀와……. 애써 되살려 낸 그 얼굴들이 또다시 병사들의 손발에 짓뭉개졌을 생각을 하니 숨이 턱 막혔다.

"오빠야는 토우를 만들어라. 우리 가락국 사람들을 다 만들어라. 한 사람도 빠짐없이 전부 다 살려 내라."

"너는?"

"나는 대가야로 가면 말 타는 걸 배울 거다. 말을 타고 바람같이 달려 나갈 거다."

"말은 왜? 어디로 달려간단 말이고?"

"어디든지! 치우야, 우리 저 바위까지 내기하자. 누가 빨리 뛰어가는지!"

마들이가 달리기 준비를 했다. 치우가 옆에 섰다.

"준비, 땅!"

마들이와 치우가 바람처럼 달려 나갔다.

"같이 가자!"

산내도 바람처럼 쫓아왔다.

"오빠야!"

뛰면서 마들이가 소리쳤다.

"나한테 물어봐라. 대가야로 가면 뭘 하고 싶은지."

"뭘 하고 싶은데?"

"나는 대가야로 가서 전사가 될 거다! 여전사가 될 거다!"

"뭐?"

"나는 우리 엄마처럼 씩씩하고 용감한······."

"뭐라 하노, 이 가시나가!"

산내가 마들이 팔을 획 낚아챘다.

"오빠야, 오해하지 마라. 나는 지금 엄마 흉내 내려는 게 아니다. 엄마 뒤를 따라가려는 게 아니다. 신라 병사들하고 싸우려는 게 아니다."

"그러면?"

"나는 나하고 싸우려는 거다. 가난하고, 힘없고, 약하고, 겁쟁이 울보에다가 공벌레인 나하고 싸우려는 거다."

"바보. 넌 이제 울보가 아니다. 더 이상 겁쟁이가 아니다. 공벌레도 아니다. 그러니 안 싸워도 된다."

"참말? 하지만 난 결심했다. 내 한계를 넘어서 보기로."

"네 한계는 네가 정한 거다. 우리가 죽으면 누가 기억해 줄 것 같나? 우리는 망한 나라의 떠돌이 백성일 뿐이다. 우리는 개죽음당할 수도 있다."

"맞다. 우리는 망한 나라의 이름 없는 백성이다. 하지만 개죽음은 아니다. 오빠도 누가 알아주길 바라서 토우를 만드는 게 아니잖아. 이름을 남기려고 도공이 되려는 건 아니잖아. 우리 가락국이 망했지만 사라진 게 아니잖아. 우리 속에 살아 있잖아. 우리가 그 증거잖아!"

마들이가 외쳤다. 산내는 기가 막혀 입을 꾹 다물었다.

둘 사이에서 치우는 숨이 막혔다.

"쳇, 나한테는 왜 안 물어보는데."

치우가 불퉁하게 쏘았다.

"엇, 미안. 너는 뭘 배울 건데? 뭐가 되고 싶은데?"

마들이가 냉큼 물었다.

"나는 활 쏘는 것."

무사 할아버지에게 활 쏘는 법을 배우다 말았다.

"그리고 난 뭐가 돼도 좋아! 뭐든지 될 자신이 있거든!"

치우는 의기양양하게 말하다 말고 흠칫했다. 그건 예전에 마들이가 했던 말이다.

"그래, 치우 말이 맞다. 우린 이제 뭐라도 될 수 있다. 오빠야, 내한테 다시 물어봐라. 대가야로 가면 진짜 뭘 하고 싶은지."

"진짜 뭘 하고 싶은데?"

산내가 떨떠름한 목소리로 물었다.

"나는 웃는 토우, 아니 웃는 마들이 되고 싶다. 저번에 오빠야가 만들어 준 토우처럼 언제나 웃으며 살고 싶다."

"그럼 그렇게 살아라."

산내의 입가에 미소가 번졌다. 마들이가 그렇게 살 수 있다면, 자신은 뭐라도 할 수 있을 것 같았다. 뭐가 돼도 좋을 것 같았다.

"근데 그렇게 살아도 될까? 그렇게 살 수 있을까? 나라도 없어졌는데. 나라가 사라졌는데. 나라……."

"와! 지금 여전사가 돼서 나라를 구해야 할지, 그냥 살고 싶은 대로 살아도 될지 그게 고민이라는 거야? 엄청난데!"

치우가 호들갑스럽게 외쳤다.

"비웃지 마라."

"비웃는 게 아냐. 근데 이게 보통 문제가 아니잖아. 일생

일대 최대의 고민인데 적어도 삼일 밤낮은 고민해 봐야지. 흠."

치우가 깊은 숨을 내쉬었다.

"나라를 위해 사느냐? 나를 위해 사느냐? 음, 아무래도 이건 너무 어려운 문제야. 삼일 밤낮이 아니라 삼백 날은 고민해 봐야 답을 알 수 있겠어. 근데 어쩌지? 벌써 지릿재에 다 왔나 봐!"

치우가 앞쪽을 손짓했다.

"정말? 저 재를 넘으면 대가야란 말이지? 빨랑 가자!"

산내의 몸이 앞으로 쏠렸다.

"좋아! 우리는 이제 어디든 갈 수 있고, 무엇이든 될 수 있으니까!"

"여기서 고민하지 말고 가서 부딪쳐 보자는 거지? 그래, 그게 좋겠어!"

마들이와 치우, 산내는 누가 먼저랄 것도 없이 힘껏 내달리기 시작했다.